Twelfth-Century Homilies
IN MS. BODLEY 343
PART I

EARLY ENGLISH TEXT SOCIETY

Original Series, No. 137
1909 (reprinted 1962)

PRICE 25s.

ERAT homo ex phariseis nichodemus nomine. princeps iudeor̄ ⁊rl̄;
Sum pharisesc mon wæs ihaten nichodemus an þære ealdra underfest folces.
⁊ com hyrlon niht to þam hælende ⁊ cƿæð· Pe puten leof lareoƿ þæt ðu from gode beo
come. He mæg nan mon loscliee swylce tacna þurron swylce ðu þyrcst butan god beo
mid him. Þe hælend andsƿarode ⁊ þus cƿæð to hi. Soð soð ic þe sæcge þæt nan mon
ne siho godes rice ælþ. butan he beo eft akenned. Him cƿæð to nichodem̄ hƿide
þæt of þundrod. Hu mæg ðe ealde mon eft beon akenned. Wæg he to ınfaren
ƿðes moder innoðe eft ⁊ syn beon gie eð cenned. Ðe hi cƿæð þe hælend to. Soð
soð ic þe sæcge syn lıȝa syn ne bið ebenned of ƿætere. ⁊ of þam halȝa gaste neƿ
mæg he cuman into godes rice. Ðæt ðe of flæce bið acenned f bið flæclic, þæt
⁊ þæt ðe of gaste bið acenned f bið gast unsyplıce. He þundra þu nart ƿyron

Twelfth-Century Homilies

IN MS. BODLEY 343

EDITED BY

A. O. BELFOUR

PART I

TEXT AND TRANSLATION

Published for
THE EARLY ENGLISH TEXT SOCIETY
by the
OXFORD UNIVERSITY PRESS
LONDON   NEW YORK   TORONTO

Great Clarendon Street, Oxford OX2 6DP
United Kingdom

Oxford University Press is a department of the University of Oxford.
It furthers the University's objective of excellence in research, scholarship,
and education by publishing worldwide. Oxford is a registered trade mark of
Oxford University Press in the UK and in certain other countries

© The Early English Text Society 1909

The moral rights of the authors have been asserted

Database right Oxford University Press (maker)

First Edition published in 1909

All rights reserved. No part of this publication may be reproduced,
stored in a retrieval system, or transmitted, in any form or by any means,
without the prior permission in writing of Oxford University Press,
or as expressly permitted by law, or under terms agreed with the appropriate
reprographics rights organization. Enquiries concerning reproduction
outside the scope of the above should be sent to the Rights Department,
Oxford University Press, at the address above

You must not circulate this book in any other form
and you must impose this same condition on any acquirer

Published in the United States of America by Oxford University Press
198 Madison Avenue, New York, NY 10016, United States of America

British Library Cataloguing in Publication Data
Data available

Library of Congress Cataloging in Publication Data
Data available

Original Series, 137

ISBN 978-0-85-991884-8

TWELFTH CENTURY HOMILIES

IN MS. BODLEY 343

[I]

[Fol. 4 b. l. 1.] Erat homo ex Phariseis Nichodemus nomine, princeps Iudeorum & reliqua.

Sum Phariseisc món wæs ihaten Nichodemus, an þare aldɪœ
4 Iudeisces folces; ðe cóm hwilon nihtes to þam Hælende 7 cwæð,
'We witen, leof Láreow, þæt ðu from Góde cóme; ne mæȝ nan
món soðlice swylce tacnæ wurcen swylce ðu wyrcst, buton God béo
mid him.' Ðe Hælend andswærde 7 þus sæde to him. 'Soþ, soð, ic
8 þe sæcge þæt nan món ne sihð Godes rice æfre, buton he beo æft
akenned.' Him cwæð to Nichodemus, swiðe þæs ofwundrod, 'Hú
mæȝ ðe ealde món eft beon akenned? Mæȝ he lá infáren to his
moder innoðe eft, 7 swa béon ȝeedcenned?' Ac him cwæð þe
12 Hælend to, 'Soð, soð, ic þe sæcge, swa hwa swa ne bið edcenned
of watere 7 of þam Halȝæ Gaste, ne mæȝ he cúmen into Godes rice.
Ðæt ðe of flæsce bið acenned, þ bið witelice flæsc; 7 þæt þe of
Gaste bið acenned, þ bið gast untwylice. Ne wundræ þu nates-
16 hwón þ ic þe nu sæde þæt eow bureð þ ȝe beon æft acennede.
Ðe Gast orðæþ soðlice ðær þér he orðiæn wule, 7 ðu his stæfne
ihærest; ac ðu swáðeah nast hwánon þe Gast cume, oððe hwyder
he fáre. Ðus bið ælc ðæræ monne, ðe of þam Gaste bið acenned.'
20 Nichodemus him cwæð to, 'Hú maȝon þas ðing iwurðan?' Ðe
Hælend him andswærde eft, ðus him sæcgende, 'Ðú eárt æþele
lareow on Israela ðeodæ, 7 þu ðas þing nast!' And he eft him to
cwæð, 'Soð, soð, ic þe sæcge þ wé soðlice spækæð þ þæt we ȝeáre
24 witen, 7 we eác seþæð þ þ wé isæȝen, 7 ȝe ure cyþnysse nellæð under-
fón nateshwón mid eów. Gif ic eorðlic þing eow openlice sæcge
7 ȝe heóm ne ilyfæð, hú ilyfe ȝe, þenne, ȝif ic þa heofenlice þing eow
sæcgen wylle. 7 nan món ne astihð nateshwon to heofene, buton þe
28 ðe of heofene hider niðer astáh, þ is Monnes Sune, ðe þe on heofene
is. 7 swa swa Moyses on þam mycle wæstene þa næddræ úp ahóf
to healice tacnæ, swá ȝedafenæð to ahæbbene on summere heahnysse
þone Monnes Sune, þ þa men ne losien, þe on him ilyfæð, ac habben

---

14 flæsce] flæce MS. flæsc] flæ'c MS. 15 nateshwón] nate'hwón MS.

I

Erat homo, &c. (John iii. 1).

THERE was a certain man of the Pharisees called Nicodemus, one of the rulers of the Jewish people; who came once by night to the Saviour and said, 'We know, beloved Master, that thou hast come from God; nor can any man indeed do such miracles as thou doest except God be with him.' The Saviour answered and thus said to him, 'Verily, verily, I say unto thee that no man shall ever see the kingdom of God, unless he be born again.' Nicodemus said to him, greatly marvelling at it, 'How can the old man be born again? Can he, then, enter his mother's womb, and so be born a second time?' But the Saviour said to him, 'Verily, verily, I say unto thee, Whosoever is not born of water and of the Holy Spirit, cannot enter the kingdom of God. That which is born of the flesh is flesh indeed, and that which is born of the Spirit is truly spirit. Marvel not at all that I have now said, It is necessary for you that ye be born again. The Spirit breatheth indeed where it listeth to breathe, and thou hearest the voice thereof; but nevertheless thou dost not know whence the Spirit cometh or whither it goeth; so is every one that is born of the Spirit.' Nicodemus said to him, 'How can these things be?' The Saviour thus answered him again, saying to him, 'Thou art a noble teacher among the people of Israel, and thou dost not know these things!' And he said to him again, 'Verily, verily, I say unto thee that we speak, indeed, that which we well know, and we also testify to that which we have seen; and ye will not receive our testimony at all among you. If I tell you openly of earthly things and ye believe them not, how can ye believe, then, if I shall tell you of heavenly things? And no man shall by any means ascend into heaven, except him who descended from heaven hither, that is, the Son of Man who is in heaven. And even as Moses lifted up the serpent in the great wilderness as a high token, so must the Son of Man be lifted up on some high place, that those shall not perish who believe on him but shall have the eternal life for themselves.

héom þ ece lif. Ðis haliȝ godspel ðe ȝe ihyrden nú hæfð mycele tacnunge; ac we moten eów sæcgan bi eówre andȝite, þ ȝe alles ne beon þare lare bidælede ne ure Drihtines wordæ. Ðe sunderhalȝæ
4 wæs ihaten Nichodemus, þe on nihtlice tide neahlæhte to Criste 7 wolde ihyren his halliȝe láre, swá hure diȝellice nihtes; forþan ðc he ne durste dæȝes, forþan ðe þa Iudeisce mid dyrstiȝ anginne ælcne utlaȝedon þe on him ilyfdon. He wæs an þære ealdræ of
8 þam yldeste witum Iudeisces folces, 7 he ferde nihtcs to ðæs Hælendes spæce, 7 him ðus þá cwæð to, 'We witen, leof Lareow, þ ðu from Gode cóme; ne mæȝ nan mon soðlice swylce [fol. 5.] tacnæ wurcen, swa ðu wurcæst, buton God beo mid him. Wislice
12 he understód þæs Hælendes wundræ 7 þa mycle mihte, þe he on monnum fremede,—forþan ðe hé hælde ælcne þé to him cóm from alle unhælðe—7 he cwæð þá him to þ he from Gode cóme, 7 þ God him mid wǽre. 7 wolde his lare leorniæn æt him diȝellice nihtes,
16 þá þa he dæges ne dyrste. Ðe Hælend andswyrde 7 ðus him cwæð to, 'Soð, soþ, ic þe sæcge þ nan mon né isihð Godes rice æfre, buton he béo eft acenned. He cóm nihtes to Criste, 7 þeo niht tacnode his aȝene nytenysse, þ he nyste þa ȝyt þ ðeo oðer acenned-
20 nysse, þe Crist þa embespéc, wæs þ haliȝ fulluht þe he sylf ástealde; on þam ðe alle men beoð from synnum aðwoȝene. 7 Nichodemus þa on his nytenysse cwæð, 'Hú mæȝ þe ealde món eft beon acenned? Mǽȝ he lá infaren to his moder innoðe eft, 7 swa beon ȝeædcenned?'
24 Ðas word he cwæð to Criste mid nytennysse be þare acennednysse, þe fulcyð is ús alle, þ heo eft ne mæȝ beon iedlæht to life, þ mon oðre siðe of his moder beo acenned. Þa habbæð tacnunge, swá swá þés traht us sæȝð, þare gastlice acennednysse on Godes laðunge
28 —ðæt héo ne mod na béon ȝeedlæht on þam mén, þ he twiȝe underfó fulluhtes on life. Ðeah ðe messepreost manful beo on life 7 he child fulliȝe on þam soðe ileafan þare halȝæ ðrymnysse, ne sceal þ cild eft syððan beon ifylled æt bætere lareowe, þ ðeo haliȝe
32 ðrymnysse ne be swá unwurðod; ne þe yfela preost ne mæȝ þurh his aȝene synnum Godes þenunge befylen þe of Gode sylfe cumeð, forþan ðe Haliȝe Gast aþwæchð þone hǽðene from alle his synnum on ðam soðan fulluhte. Ac him cwæð to þe Hælend, 'Soþ, soð, ic

This holy gospel which you have now heard has a great signification; but we must tell it you according to your powers of understanding, so that you may not be altogether deprived of its meaning, or of our Lord's words. Nicodemus was the name of the Pharisee, who came to Christ at night time and would hear his holy teaching, thus only secretly by night; since he durst not by day, because the Jews with presumptuous behaviour outlawed every one who believed on him. He was one of the rulers among the chief counsellors of the Jewish people, and he went by night to converse with the Saviour, and thus said to him, 'We know, beloved Master, that thou hast come from God; nor can any man indeed do such miracles as thou doest, except God be with him.' He certainly realized the Saviour's miracles and the mighty works he had done among men,—for he had healed every one of those who came to him from all sickness,—and so he said to him that he had come from God, and that God was with him. He would also learn his doctrine from him secretly by night, because he durst not by day. The Saviour answered and thus said to him, 'Verily, verily, I say unto thee, No man shall ever see the kingdom of God unless he be born again.' He came by night to Christ, and the night betokened his own ignorance; because he did not yet know that the second birth Christ then spoke about was the holy baptism which he himself had instituted, wherein all men are cleansed from sin. And Nicodemus thereupon said in his ignorance, 'How can the old man be born afresh? Can he, then, enter his mother's womb, and so be born again?' He said these words to Christ in his ignorance concerning that birth, of which we all know well that it cannot happen twice in this life—that one cannot be born a second time of his mother. But, as the commentary tells us, these words refer to the spiritual birth in the church of God, (meaning) that this can never be repeated to admit of one's receiving baptism twice in life. Though the high priest is evil in living, and yet baptizes a child in the true faith of the Holy Trinity, the child shall not be baptized again by a better pastor to the consequent dishonour of the Holy Trinity; nor can the evil priest through his own sins defile God's service which comes from God himself, because the Holy Ghost cleanses the heathen from all his sins in the true baptism. But the Saviour

þe sæcge, Swa hwa swa ne bið ȝeedcenned of watere 7 of þam Halȝæ
Gaste ne mæȝ he ínto Godes rice.' Ðis wæs sonæ on anginne, ða ða
God ærest isceop alle ȝesceaftæ þurh his michte, þa wǽs Godes
4 sylfes gast, swá swá bóc us sæȝð, ifæred ofer waterum, ðæt ure
fulluht wære þa iu ȝetacnod mid toweardre mihte, 7 þæs wateres
ȝecýnd wurde ihalȝod þurh ðone Halȝæ Gast, þe ȝehalȝæð ure fulluht
7 þa sawlé wiðinnan from alle synnum aþwæchð. Nú ne sceole ȝe
8 halden eower child to plihte to longe hæþene; forþam þe héo
nabbæð infǽr to heofenum, ȝyf heo hæþene dæȝeð. Héo ne beoð
ná cild soðlice on domes dæȝ, ac beoð swa mycele men swa swa
heo mihten béon ȝyf heo fúlweóxon on wunelicre ylde. 7 þa
12 hæþene cild á on helle wuniæð; 7 þa ifullode faræð to heofenum
mid lichame 7 on sawle: 7 libbæð á syððan, ȝe þa áne 7 þa oðre
buton endunge. 'Ðæt þe of flæsce bið accenned ꝥ bið witodlice
flæsc; ꝥ ðe of Gaste bið acenned ꝥ bið gast untwylice.' Ðeo
16 gastlice acennednysse [fol. 5 b.] bið unseȝenlice. Þæs lichames
acennednysse is iseȝenlic all; þenne ꝥ child weaxæð, 7 wurð eft
cnapæ, 7 eft syððan cniht, oð ðet he swa bicymeð to ðare ylde ðe
him ón his Scuppend. Ðeo gastlice acennednys—ðæt món béo
20 Gode acenned on þam halȝæ fulluhte þurð þone Halȝæ Gast—is us
unseȝenlic; forþan ðe we iséon ne maȝen hwæt þær bið ifremed
on þam ifullede mén. Ðú isihst hine biduppen on ðam watere 7
æft úp ateón mid þam ylcæ heówe þe he hæfde ærror ær þan ðe he
24 dufe; ac þeo haliȝ moder, ðe is Godes laðung, wát ðæt ðæt cild bið
synful bidupped into þam fonte, 7 bið up abroȝdon fram synnum
aðwoȝen þurh ðæt haliȝ fulluht. Ðurh Adames forȝæȝednysse, ðe
Godes bebod tobrǽc, beoð þa child synful; ac ðurh Godes sylfes
28 ȝife heoræ synne beoð adilȝode, ꝥ heo Godes men beoð; 7 of þám
flæsclice heo wurðæþ gastlice 7 Godes beárn iháten, swá swá us
bǽc sæggæð. Ðe Hælend cwæð syððan to Nichodeme þus, 'Ne
wundræ þú nateshwón, ꝥ ic ðe nú sæde ꝥ eow buræð þæt ȝe beon
32 æft acennede'. He wolde ꝥ he cyðe þa gastlice acennednysse,
butan þare þe hé ne mihte his folȝere béon; 7 he hine þá tyhte

---

15 bið ... bið] bid ... bid *MS*.
19 béo] *the é altered from* i.   27 child] *letter erased after* d.
29 flæsclice] s *altered from* c.

said to him, 'Verily, verily, I say unto thee, Whosoever is not born of water and of the Holy Spirit cannot enter the kingdom of God.' So it happened right at the beginning, when God first created all things through his might, that God's own spirit was, as the book tells us, journeying over the waters; in order that our baptism with its future import should be signified at that early time, and that the element of water should be made holy through the Holy Ghost, who hallows our baptism and cleanses the soul within from all sins. Now ye shall not keep your children too long heathens to their danger; because they shall not have entrance to heaven if they die heathen. They shall not be children, indeed, on the day of judgement, but shall be like full-grown men, just as they might have been if they had fully grown up to a normal age. The heathen children shall always remain in hell; and the baptized shall go to heaven with body and soul; and they shall live for ever afterwards, both the former and the latter without end.

'That which is born of the flesh is flesh indeed; and that which is born of the Spirit is truly spirit.' The spiritual birth is invisible. The whole physical birth is wholly visible; then the child grows, and next becomes a boy, and then a young man, until he thus arrives at the age which his Creator grants him. The spiritual birth—the being born to God in the holy baptism through the Holy Ghost—is invisible to us; because we cannot see what has happened to a man when he has been baptized. Thou seest him dipped in the water and lifted up again with the same appearance that he had before he plunged in; but the Holy Mother, that is God's congregation, knows that the child is plunged sinful into the font, and is lifted up cleansed from sin through the holy baptism. Because of the transgression of Adam, who broke the command of God, are children sinful; but by God's own grace shall their sins be blotted out, and they shall be God's people; and from being of the flesh they shall become of the spirit and be called God's children, even as books tell us.

The Saviour afterwards said thus to Nicodemus, 'Marvel not at all, because I have just said it is necessary for you to be born again.' He wished him to know of the spiritual birth, without which he could not be his disciple; and he exhorted him

to ðare acennednysse mid his diȝlum wordum ðe he unwreah us syððan. 'Ðe Gast orðæð soðlice þær þær he orðiæn wule, 7 þu his stæfne iheræst; ac ðu swaðeah nast hwanon ðe Gast cume 4 oððe hwider hé fáre; ðus bið ælc ðare monne ðe of þam Gaste bið acenned.' Ðe Halȝæ Gast orðæþ þær þǽr hé orðiæn wyle; ðonne he hæfð þa mihte ðæt he mæȝ onlihten þæs monnes mód þe he wyle 7 wenden hit to gode, from dusiȝe to wisdóme, from ȝedwylde to 8 ȝeleafæn, from synne freminge to soðre dædbóte; 7 from alle wohnysse awend to rihte. Ð ær món Godes lof singeð, þær swæȝð þæs Gastes stæfne; þær mon Godes lare sæȝð, þær swæȝð þæs Gastes stæfne; 7 þær món embe God smeað, ðær bið þæs Gastes ȝifu. Ac ðu né 12 miht ná iséon hú þe sylfæ Gast cymeð into þam gode men þe Godes Gast underfechð, þeah ðe ðu him on lokiȝe 7 his lare ihýre. For þan ðe þe Gast is unȝesæȝenlices cýndes, 7 þe món bið oþer, fróm his yfele abroȝden to bæterum wille ðurh þæs Gastes ȝifu. Nichodemus 16 him to cwæð, ' Hú maȝon þa[s] ðing iwurðan ?' Ðe Hælend him andswerde eft, þus him sæcgende, 'Ðú eárt laréow on Israel 7 ðu þas ðing nast!' Ne sæde þe Hælend þas wórd him tó tále—þ he lareow wǽre 7 nyste þas rýne—, ac he wolde swiðor þa soðæn ead- 20 modnysse on him bringan to his beterunge; butæn þare ne mæȝ nan món iðeón Gode. And he cwæð eft to him, swá swá us cyð þis godspel, 'Soþ, soð, ic þe sæcge þ we soðlice spæcæð þ þ we ȝeare witen, 7 we éac seðað þ ðat we iseȝen; 7 ȝe ure cyðnesse nyllæð 24 underfón nateshwón mid éow.' Ðe Hælend him sæde þ þ he sylf wiste 7 þ þ he iséah. [fol. 6.] He soðede eác þurh his ȝesæðnysse, ðeah ðe héo summe nolden of þam Iudeisce his láre underfón ne his sæðnysse heom sylfe to rihtinge; ac moniȝe underfeı gon 28 on alle middanearde þæs Hǽlendes ileafæn 7 his lare ȝéornlice,

1 diȝlum] i *altered from* u. 2 orðæð] ordæð *MS.* 16 þa[s]] þa *MS.*, *after which a letter has been erased.* 23 cyðnesse] cydnesse *MS.*

25] *After l.* 24 *the scribe has inserted the following passage:* mid þam ylcæn hywe ðe hé hæfde ǽryr, ærðan ðe he dufe. Ac þéo haliȝe moder, ðe is godes laðung, wát ðæt ðæt cild bið synful idupped into þam fonte 7 bið up abroȝden from synnum aðwoȝen þurh ðæt haliȝe fulluht. Ðurh adames forȝæȝednysse ðe godes bébod tobræc, beoð þa cild synfulle; ac þurh godes gastes ȝyfe heoræ synnæ beoð adilȝode, þ heo godes men beoð; 7 of þam flæsclicum heo wurðæþ gastlice 7 godes beárn ihátene, swá swá us bæc sæȝð.

then to that birth with his mysterious words which he afterwards revealed to us.

'The Spirit indeed breatheth where it listeth to breathe, and thou hearest the voice thereof; but nevertheless thou knowest not whence the Spirit cometh or whither it goeth; so is every one that is born of the Spirit.' The Holy Spirit breathes where it listeth to breathe; therefore it has the power of being able to enlighten the mind of whom it will and of turning it to good, from folly to wisdom, from heresy to faith, from the doing of sin to true repentance; and turns it from all wrong to right. Where God's praise is sung, there sounds the Spirit's voice; where God's word is read, there sounds the Spirit's voice; and where one thinks about God, there is the Spirit's grace. But thou canst not see how this same Spirit enters the good man who receives God's Spirit, though thou art looking on him and hearing his teaching. For, the Spirit is of invisible nature, and the man becomes something different, being taken from his evil to a better state of mind through the grace of the Spirit.

Nicodemus said to him, 'How can these things be?' The Saviour answered him again, thus saying to him, 'Thou art a teacher in Israel, and thou dost not know these things!' The Saviour did not say these words to blame him—because he was a teacher and did not know these mysterious things—, but he would rather produce true humility in him to his own amending; without which no man can flourish before God. And he said to him again, as this Gospel tells us, 'Verily, verily, I say unto thee, We speak indeed that which we well know, and we also testify to that which we have seen; and ye will not receive our testimony at all among you.' The Saviour told him what he himself knew and what he had seen. He testified it also through his testimony, nevertheless some of them—from among the Jews—would not receive his teaching nor his testimony for their own amending; yet many throughout all the earth have eagerly received faith in the Saviour and his teaching, and so they shall do continually until the end of this world.

7 swá doþ ȝyt æfre oð ende þissere worulde. 'Gif ic eorðlice
þing eów openlice sæcge 7 ȝe ðeo né ilyfæð, hú ilyfe ȝe þenne, ȝif
ic þa heofonlice þing eów sæcgæn wylle ?' Embe eorðlice þing he
4 sæde þam Iudeisce þa þa hé heóm sæde bi his aȝene ðrowunge 7 bi
his aȝene lichames ariste, ðe he of eorðan nóm of eorðlicere móder.
7 bi héofenlice he spǽc hǽr be þam fulluhte, 7 þa þa he eft spǽc bi
his upstiȝe to heofenum to ðam éce life, þe is heofenlic iwis. 7 þa
8 unisæliȝe his sǽȝe ne ilyfdon. 'And nán món ne astihð nateshwón
to heofenum buton þe ðe of heofenum hider nyðer astah, þ is Monnes
Súne, þe ðe is on heofenum.' Ðe Hælend is soðlice anes monnes
súne, swá swá nán oðer is, 7 he is ure heafod. Hé astah of heo-
12 fenum us to alysenne, 7 hé eft úp astah æfter his ðrowunge; 7 he
bihet his halȝum þ héo him folȝiæn mosten 7 mid him wuniæn,
ðær ðær he sylf wunæð. He astah ða áne; ac him æfter fuliȝdon
his aȝene limæ up to þam heafdo, 7 æfre fuliȝæð oð ende þissere
16 worulde. For þan þe his halȝan heonan fareð to him of þisse læne
life, to heoræ leofe Drihtine, oð ðet heo alle béon to þám hæfde
igaderode. Ðeo menniscnysse ne cóm ná mid Criste of heofenum,
ne heo ón heofenum næs þá þá he þis cwæð; ac þe an Hælend on
20 æȝðer ȝecynde Godes ant monnes mihte wæl swa spæcan, swa swa
ȝe ihyrden on ðisse rædinge, þ hé of heofene astah, 7 on héofenum
wǽre ða þa he ðus spǽc to Nichodeme. 'And swá swa Moyses in
ðam mycle wæstene þa næddræn úp ahof to healice tacne, swa
24 ȝedafenæð to ahæbbenne on symmere heahnysse ðone Monnes Sune,
þ þa mén ne losiæn ðe on hine ilyfæð, ac habban heom þ ece lif.'
Ðis andȝit we sædon on twam oðre spellum swiðe iwislice, ac we
wullæð swa ðeah sceortlice secgan eów þas endunge. Moyses, þe
28 heretoȝæ, on þam myclæn wæstene wrohte bi Godes hǽse áne ærene
neddræn, þa þa þ folc wæs from þam næddræn tosliten ; 7 he þa
úp arærde þa ærenæ naddræn, swylce to tacne; 7 heo bisæȝen þærtó
þe ðær toslitene wæron, 7 heóm sone wæs bét. Ðeo ærene neddræ,
32 þe buton attre wæs, tacnode Cristes deaþ, þe unsynniȝ ðrowode,
úp ahofen on rode; 7 we to him biseoð mid fulle ȝeleafæn, þ we

---

7] *before* is an h *has been erased*.
23 wrohte] *the lower part of* h *is indistinct*.

If I openly tell you earthly things and ye do not believe them, how, then, shall ye believe if I shall tell you heavenly things?' He spoke to the Jews about earthly things when he told them of his own suffering and about the resurrection of his own body, which he had received from earth—from an earthly mother. And he spoke about heavenly things here concerning baptism, and when he afterwards spoke about his ascension into heaven—to the eternal life which is heavenly indeed. But the wicked people did not believe what he said.

'And no man shall by any means ascend into heaven except him who descended from heaven hither, that is the Son of Man, who is in heaven.' The Saviour is, verily, *one* human being's son, such as no other is; and he is our head. He descended from heaven to redeem us, and he ascended up again after his passion; and he promised his holy ones that they could follow him and dwell with him where he himself dwells. He ascended, then, alone; but his own members have followed after him—even to their head,—and shall always be following until the end of this world. For his holy ones shall go to him hence from this transitory life—to their beloved master,—until they are all united to their head. His human nature did not by any means come with Christ from heaven, and it was not in heaven when he said this; but the one Saviour being in the nature both of God and of man could rightly say—as you have heard in this lesson—that he had descended from heaven, and that he was in heaven when he spoke to Nicodemus thus.

'And even as Moses lifted up the serpent in the great wilderness as a glorious token, so must the Son of Man be lifted up on some high place, that those shall not perish who believe on him, but shall have the eternal life for themselves.' The meaning of this we have expounded with much detail in two other sermons; but we wish, however, to speak to you briefly of this ending. Moses, the leader, made in the great wilderness by God's command a brazen serpent, when the people were being rent by serpents; and he then raised up the brazen serpent, even as a sign; and those who had been bitten there looked towards it, and they were immediately better. The brazen serpent, which was without venom, betokened the death of Christ, who suffered innocently, raised aloft upon the cross; and we look to him with complete faith, that we may be freed

from ure synnum ðurh hine beon alysede 7 lif habban mid him áá [fol. 6 b.] on ecnysse, swa swá he us bihét. Ðam is á wurment 7 wuldor on ecnysse mid his heofenlice Fæder, 7 þam Halʒæ Gaste, 4 on ane godcyndnysse. We cwæðæþ, AMEN.

[II]

[Fol. 6 b. l. 3.] **EUANGELIUM.**

SUME MEN NUTEN IWISS for heoræ nytennessæ hwi godspel is icwæden oððe hwæt godspel mæne. Godspel is 8 witodlice Godes sylfæs láre 7 þa word þe he spæc on þissere worulde móncynne to láre, 7 to rihte ʒeleafe. 7 Þ is swiðe gód spell þurh Godes tocyme us to hýrenne Þ we habben moten þa heofenlice wununge mid him sylfe æfre, swá swá hé þam allum 12 bihet þe hine lufiæð on rihtwisnesse, 7 on rihte ʒeleafan, 7 on soðfestnesse. Nu sceole wé ihyræn Þ haliʒ gódspel mid onbryrdnysse us to beterunge ; 7 éac we sceolen witen hwæt þa word mænen, Þ we maʒon hý awenden to weorcum. Forþan ðe þe bið 16 wis þe mid weorcum swytelæð þa halʒæ Godes láre, 7 þe bið unrihtwis þe heorcnæð þare wordæ 7 nele heom awenden to weorce him to þearfe. On þare Friʒenihte ðe ætforen Eastre bið, hæfde ure Hǽlend, ær þam ðe he ðrowode, swiðe longsume spæce wið 20 his leorningcnihtæs 7 heom fæle þingæ sæde on his fundunge þá ; 7 Iohannes þe Godspællere hit sette on Cristes béc, þe his lare ʒehýrde. 7 he cwæð him to ðus þá, *Amen amen dico uobis & reliqua.* ' Soþ, soþ, ic eow sæcge, ʒif ʒe sylfe hwǽs biddæð 24 æt minum Halʒum Fædere on mine nóme, he hit ʒifð eow untwýlice raðe. Ne béde ʒe nán þing ʒyt on mine nóme ; biddæþ 7 ʒe underfoð, Þ eower blis béo ful. Ic spǽc to eów on biʒspelle ; ac nú bið þe timæ Þ ic on biʒspelle eów to ne spǽce, ác ic cýðe eów 28 swytellice bi þam soðan Fæder. On þam dæʒe ʒe biddæþ on mine nome ʒeornlice ; 7 ic ne sæde eów ʒyt Þ ic sylf wulle biddan ðone ylcæ Fæder, for eow þinʒende. Ðe sylfæ Fæder lufæð eów, forþan ðe ʒe lufeden me 7 ʒe ilyfdon Þ ic from Gode ferde. Ic ferde frám 32 þam Fæder 7 com to middanearde ; ic forlæte eft middaneard 7 ic

14 us] *the s altered from* ʒ.
15 weorcum] *r apparently altered from another letter.*
19 longsume] *g apparently altered from another letter.*

by him from our sins and have life with him for ever in eternity, as he has promised us. To him is ever honour and glory in eternity with his heavenly Father, and with the Holy Ghost, in one divine nature. We say, Amen.

II
GOSPEL.

SOME men for their ignorance do not in truth know why the gospel is so called, or what 'gospel' means. Gospel is indeed God's own teaching, and the words which he spoke in this world for the instruction of mankind, and for their true faith. And it is a very 'good spell' for us to hear that through God's coming we can possess the heavenly dwelling with him himself for ever, even as he promised to all who love him righteously, and with true belief, and with steadfastness. Now we must hear the holy gospel with zeal for our own amendment; and we must also understand what the words mean, in order that we may convert them into deeds. Because he is wise who makes God's holy teaching known by his acts, and he is unrighteous who hears the words and will not convert them into deeds for his own good. On the Thursday night which is before Easter, our Lord, before he suffered, had a very long conversation with his disciples and told them many things at his parting then; and John the Evangelist, who heard his teaching, set it down in Christ's book. And thus he spoke to them,—*Amen, Amen, dico vobis et cetera.* 'Verily, verily, I say unto you, if ye ask my Holy Father for anything in my name, he shall give it you surely at once. Hitherto have ye asked nothing in my name; ask, and ye shall receive, that your happiness be full. I have spoken to you in parables; but now is the time, when I shall not speak to you in parables, but I shall tell you plainly of the true Father. In that day ye shall ask in my name earnestly; and I have not now said unto you that I myself will pray that same Father, and intercede for you. The Father himself loveth you, because ye have loved me and have believed that I came from God. I came from the Father and am come into the world: again, I leave the world, and go to the Father.'

farc to þam Fædere.' Ða sæden his folȝeræs mid swiðlicere blisse,
'Efne þu spæcst nu swytellice, leof, 7 ðu nateshwón ne sæȝst nu
us nán biȝspel. Nu we witen soðlice þ ðu wast alle þing, 7 þe
nis nán néod þ ðe hwá axiȝe; on þam we ilyfæð þ ðu fróm Gode
cóme.' We habbæð nú isæd sceortlice on Englisc þis haliȝe
godspel, swá swá ȝe iherdon nu—þa nacede word áne; ac we
nú wyllæð mid fæȝerum andȝyte heóm fretewiæn eów, þ héo
licwurðe beon to láre eow alle, ȝif ȝe þ gastlice andȝit mid gode
wille underfoð. 'Soþ, soð, ic eow sæcge, ȝif ȝe sylfe hwæs
biddæþ æt mine Haliȝe Fæder eów ón mine nóme, he hit ȝifð eow
untwylice raðe.' Ðé Hælend wæs ihaten from his cildhade Iesus
from þam halȝan engle ærþan ðe he ácenned wære; 7 þe bið
hál on his nome þe ðe hine hæle bit, for þan ðe Iesus is Hælend
icwæden. Bide þe nú hæle on þæs Hælendes nóme modes 7
lichame, oððe for leofne fréond, and [fol. 7.] þe Fæder þe tyðæþ
untwylice þæs, ȝyf þú andsæte ne bist. Gif ðu ðenne yfel bist,
þu most yfeles swicæn 7 to þam gode Fædere mid godnysse buȝan.
And ȝif ðu yfeles bidæst æniȝum oðrum mén, þu ne bist ná þenne
swa swa þe Hælend beád; ac mid yfele mode þu yfeles wilnæst, þ
nis nán hæle on ðæs Hælendes nóme. Mucele ðing ábidon þa
mære apostolas æt þan Halȝæn Fæder æt þam Hælendes upstiȝe, þa
þa heo arærdon þa deaden on heoræ Drihtines nóme, swá swá hé
sylf ær dude; 7 heo moniȝfealde wundræ wrohten on his nome,
7 heo þa hæðene leodæ to his ileafæn béȝdon. Hwilon eác
þe witegæ, þe wæs ȝehaten Helias, bæd þenne Ælmihtiȝ Gód for
monnæ yfelnysse, þ he reinscyræs forwærnde feorþe healf ȝeáre;
7 he eft syððan béd þ Gód ásende reinscuræs 7 eorðlice wæstmæs,
forþan ðe heo wændon ða heoræ mód to Gode mid mare ȝeleafæn.
Be þam mycle benum ðe mén maȝon biddon ða þe Gode likyæð
cwæð þe leofæ Hælend on sume oðre gódspelle to his halȝum
apostolos, *Amen, dico uobis, quia siquis dixerit huic monti;
Tollere & mittere in mare, & non esitauerit in corde suo, sed
crediderit, quia quodcumque dixerit, fiæt ei.* 'Soþ, ic eów sæcge,
ȝyf hwa sæȝeð on eornost, 7 cwæð to áne munte on mine nóme

2 nateshwón] nate'hwón *MS*. 5 Englisc] Engli'c *MS*.
27 ásende] āsende *MS*.

Then said his disciples with exceeding joy, 'Lo, now speakest thou plainly, dear (Master), and thou dost not by any means tell us any parable. Now know we indeed that thou knowest all things, and there is no need that any one should ask thee; by this we believe that thou art come from God.'

We have now recited this holy Gospel briefly in English, as ye have now heard,—the bare words alone;—but we now want to adorn them with a fair interpretation for you, that they may be pleasing as instruction for you all, if you will receive the spiritual meaning with good will. 'Verily, verily, I say unto you, if ye pray for anything from my Holy Father in my name he shall give it you surely at once.' The Saviour was called Jesus from his childhood by the holy angels before he was born; and he who prays him for salvation shall be saved through his name, because Jesus means Saviour. Now pray for salvation of mind and body in the Saviour's name, or for a beloved friend, and the Father will grant it to thee without fail if thou art not unpleasing to him. Therefore, if thou art wicked, thou must cease from wickedness and incline to the good Father virtuously. And if thou ask for evil for any other man, thou art not, then, asking as the Saviour ordained; but thou art desiring evil with evil mind, and this is no salvation in the Saviour's name.

The glorious Apostles had obtained great things from the Holy Father at the Saviour's ascension, when they raised the dead in the name of their Master, as he himself had done before; and they wrought very many miracles in his name, and converted heathen nations to his faith. Once, also, the prophet, who was called Elias, prayed Almighty God, because of the evilness of men, to keep back rain showers for three years and a half; and again he afterwards prayed God to send rain showers and fruits of the earth, because men had turned their hearts to God with greater faith. Concerning the great requests that men who are pleasing to God can make, the beloved Saviour said in another gospel to his holy apostles, *Amen, dico vobis, quia siquis dixerit huic monti; Tollere, et mittere in mare, et non haesitaverit in corde suo, sed crediderit, quia quodcumque dixerit, fiet ei.* 'Verily, I say unto you, if any one speak earnestly, and say to a mountain in my name

ðus, Fare ðu on Godes nome feor út on sǽ, 7 ʒyf him na ne
tweonæð þ he þæs tyðe béo, ac ilyfð on heortan, swá hwæt
swa he cwæð hit bicymeð 7 iwurð.' Mucel bið þeo bene þ þe
4 munt aweiʒ fare of his aʒene stæde þurh aniʒne monne, ac we
maʒon eow sæcgæn ðæt hit soðlice iwearð þurh ænne haliʒne
wǽr, swá we hær sæcgæð. Sum haliʒ biscop wæs ihaten Gre-
gori*us*, swiðe mycel lareow on mycele þingðu*m*, bi þa*m* ic sæde
8 hwilon ær on sume oðru*m* spelle,—hu he ðone hæðenæ god,
þe nane godcundnysse næfde, adræfde mid his tokime of his
anlicnesse awæʒ. Þe ylcæ Gregori*us* wolde Gode aræren haliʒ
mynsterlif ihende anre sǽ; ac ðær wæs bi halfes án swiðe heah
12 clif onémn, 7 wes þe stude myriʒe to þam mynsterlife, ʒif he
rumre wǽre to þam Godes weorce. Ða mercode þe biscop on
þám munte þone dǽl ðe he habben wolde to þæs weorces rymete,
7 bæd þá þone.Almihtiʒæn, þe mæʒ dón þ he wýle, þ he áhofe þene
16 múnt bi his mercunge, þ he mihte makien his mynster on ðam
rymette. 7 God þa sone asceaf þene munt buton swinke, swa
swá he wilnode; 7 þe halʒa wér wrohte hi*m* ðær munster. Ða
wæren tweʒen breðræn, wæliʒe on life, 7 hæfden ænne fixnoð on
20 ane brade mére, heom bám imæne, to mycele tylu*n*ge ; ac ðær
wurdon oft æt þa*m* waterscipe moniʒfealde ceastu 7 monslihtæs,
7 mycel feoht for þam fixnoðe. Hwæt þa ðe biscop wearð unbliðe
for þa*m* blodes gyte 7 abéd þa æt Gode [fol. 7 b.] þ he wrohte
24 ðone wate*rs*cýpe to wunsume yrðlande. 7 þ water sonæ wende
of þa*m* fixnoðe, 7 wæs ðeo mere awend to brade feldæ, swa þ món
erode alne ðone fixnoð ; 7 þér weox corn æffre wunsumlice syððæn.
Julianus þe wiðersacæ, ðe wæs ærest cr*i*stene 7 to preoste
28 bisceoren, for þæs caseres eʒe he awearp his ileafen. 7 ilyfde on
deofelʒylde syððan he his seolfes weold 7 he wearð casere ; 7
lyfede þá drycræft 7 þæs deofles ðeowdóm. 7 hé þa moniʒæ
martyræs acwalde 7 fæht wið þene Hælend oð ðet he forferde.
32 He sende ænne deofel hwilon to sume londe on sum ærende þ he
heardlice ferde; 7 þe deofel þa bi his sonde ferde 7 com eft to
him embe týn daʒe fyrst. Ða cwæð þe casere to hi*m* 'Hwi come
ðu swá lǽte?' Þe deofel hi*m* andswyrde, 'Ic wearð yfele ilet

2 ac] 7 ac *MS*.

thus, Go thou in God's name far out into the sea, and have no doubt at all as to this being granted to him,—but believe it in his heart,—whatsoever he says will come to pass and be accomplished.' It is no small request that a mountain should go away from its own position for the sake of any man, but we can tell you that this really happened through a holy man, as we shall now here relate. There was a certain bishop called Gregory, a very great teacher of high distinction, whom I have spoken about a while ago in some other sermon,—how he drove away by his advent the heathen god, who had no divine power, out of his idol. This same Gregory wished to build a holy monastery to God near a sea; but there was on one side a very high cliff close by, and the place was pleasant for a monastery, if it had been wider for the work of God. Then the bishop marked out on the hill the part he would have for the extent of the building, and next prayed the Almighty, who can do what he will, to lift away the hill according to his marking, so that he might build his monastery in the vacant space. And God then immediately thrust away the hill without trouble, even as he desired; and the holy man built his monastery there. There were two brethren, rich in living, who had for their great profit a fishery in a broad lake common to them both; but there were often beside the water many quarrels and manslayings, and much fighting over the fishery. So then, the bishop was grieved for the bloodshed and therefore prayed God to make the water into pleasant arable land. And the water immediately turned away from the fishery, and the lake was turned into broad fields, so that one could plough all the fishery; and corn grew there plenteously for ever after. Julian the Apostate, who was first a Christian, and shorn as a priest, from fear of the emperor renounced his faith. And he believed in devil worship after he was his own master and had become emperor; and he loved magic and the service of the devil. He also killed many martyrs and strove against the Saviour until he died. Once upon a time he sent a devil to go quickly on some errand to a certain land; and the devil then went on his errand and came again to him in about ten days' time. Then said the emperor to him, 'Why dost thou come so late?' The devil answered him, 'I was in evil wise hindered by a holy monk

BELFOUR c

þurh ænne haliʒe munúc þe hatte Publius. Ic ne mihte ná faren
forð on þin ærende, forþan ðe ðe munuc mid his mycle bene
forwærnde me þæs wæʒes, 7 ic wende nú onʒéan buton ælce
ærende, unwis eft to þe. 7 þe casere wearð on þam wæʒe ofslaʒen,
7 sum his þeʒenæ þe ðis þa ihyrde wende to þam munuce 7 wearð
munúc him sylf. Swylce þing maciæð þa mæren ʒebedu þurh
ðone soðan God, ðe symle wyle wǽl 7 iheræð þá ʒebedu on his
halʒenæ neode ; 7 his ðearfenæ clypung uncyðlice ne forsihð.
Ðæt godspel us sæʒð þ ðe Hælend sæde, 'Ne bǽde ʒe nán þing
gýt on mine nóme.' Forðy heo ne beden on þæs hælendes nóme,
forþan ðe heo hæfden hine sylfne mid heóm, his láre brucende ; 7
ne bedon ná swiðs þa unsæʒenlice þing þonne heo hine isæʒen.
'Biddæþ 7 ʒe underfoð, þ eower blis beo ful.' Ðare éce blisse
he het heóm þa biddan, forþan ðe nanum me ne bið ful blis on
his life þ him ne æʒliʒe æfre sum þing hér. 'Ic spæc to éow on
biʒspellum, ac nú bið þe timæ þ ic on biʒspelle to eow ne spæce,
ac ic cyðe eów swytellice be þam soðan Fæder.' On bocum is
ʒewunelic biʒspel to sæcgene, þ is oðer þing on wordum 7
oðer on tacnungum. 7 þe Hælend to héom spæc swiðe ilóme on
moniʒe biʒspellum, heoræ mód to trymynge ; ac he sæde heóm nú
ðæt he swytellice wolde bi þam Halʒum Fæder heom bodiæn 7
cyðan, forþan ðe he sylf dæð þ his halʒæn iseoð his Fæder on his
wuldræ, þenne heo wuniæð mid him, swá swá þa englæs iseoð
hine nú soðlice. 'On þam dæʒe ʒe biddæþ on mine nóme
geor[n]lice.' On þam life is an dæʒ, þe næfre ne endæþ ; 7 on
dæʒe biddæþ þa ðe ðenne biddæþ, na on swearte ðeostrum ðisseræ
costnungæ. Ác þæs Hælendes word heom beoð þenne cyðe, þe
ðus sæde to héom on sume his godspellæ, *Ego & pater unum
sumus.* 'Ic 7 min Fæder beoð witodlice án ;' ðæt is, soðlice an God
on ane godcundnysse, 7 heóm bam is imæne æfre án soðe lúfe, þ
is ðe Halʒæ Gast, ðe gæð of heóm bám. He cwǽð 'Wit beoð án ',
for ðare Annysse ; þ ðeo án Godcyndnysse 7 ðeo án Mæʒenðrýmnesse
7 þ án icynd ðe heóm is imæne nyle iðafien þ heo ðreo Godæs beón,
ac án Álmihtiʒ God æfre on ðreo hadum ; 7 ðis icnawæð þa halʒæn

1 Publius] publiu[s] MS.   20 trymynge] t[u]ymynge MS.

who is called Publius. I could not go forward on thy errand, because the monk by the might of his prayer kept me from the road, and I now return again without any message, in ignorance back to thee.' And the Emperor was afterwards struck down on the road, and one of his servants who heard this went to the monk and became a monk himself.

Such things can good prayers accomplish by the help of the true God, who ever wishes well and listens to prayers at the afflictions of his saints; and he does not unkindly reject the crying of his unhappy ones. The Gospel tells us that the Saviour said, 'Hitherto have ye asked nothing in my name.' For, they had not asked in the Saviour's name because they had (the Saviour) himself with them, and were enjoying his teaching; and they did not pray earnestly for invisible things while they were looking on him. 'Ask, and ye shall receive, that your happiness be full.' He bade them pray for the eternal happiness, because no man has such complete happiness in his life that something does not at some time trouble him here. 'I have spoken to you in parables; but now is the time, when I shall not speak to you in parables, but I shall tell you plainly of the true Father.' In books is it customary to give a parable, which is one thing in words and another in meaning. And the Lord had spoken to them very often in many parables for the strengthening of their minds; but now he said to them that he would speak plainly and make known to them concerning the Holy Father, because he himself makes his holy ones see his Father in his glory, when they dwell with him, even as now the angels verily see him. 'In that day ye shall ask in my name earnestly.' In that life is one day, which shall never end; and those shall ask by day who shall make their prayers then, and not in the black darkness of these temptations. But those words of the Saviour shall then be clear to them, who thus spoke to them in one of his gospels, *Ego et pater unum sumus.* 'I and my Father are indeed one;' that is, indeed, one God in one Godhead; and to them both is one true love common, that is the Holy Ghost which emanates from them both. He said, 'We are one,' because of the Unity; because the one Godhead, the one Majesty, and the one Nature,—which is common to them,—will not allow that they be three Gods, but one Almighty God for ever in three Persons; and

þonne heo hine iseoð. Næs ná [fol. 8] þe Halʒæ Fæder tó mén iboren for ús, ne he ne ðrowode for us; ac ðrowode þe Súne þe ðe þa menniscnesse ane underfeng. 7 hér ʒe maʒen ihyræn þ héo
4 beoð ðreo 7 an God swa ðeah, swa swá wé ǽr ræddon. Ðæt godspel spæcð forð on ðus þæs Hælendes word, '7 ic ne sæde eow ʒyt þ ic sylf wylle biddæn ðone ylcæ Fæder, for eów þingende.' On þare mænniscnysse þe he mid is bifangæn hé. bit for his
8 halʒum his heofenlice Fæder; 7 on his godcundnysse, on þare ðe he God is, he tyðæþ alle þing æfre mid þam Fæder; 7 we habbæð on þam Sune swiðe godne þingere. 'Ðe sylfæ Fædér lufæð eów, forþan ðe ʒe lufedon mé, 7 ilyfden þ ic from Gode ferde.' Hér ʒe
12 maʒen ihéron þ ðe þe næfð ðone Sune þ he næfð ðone Fæder, þe hine sende; 7 þe Fæder lufæð þa ðe ilyfæð on Crist; 7 bið isæliʒ þe swylce lufe underfæhð. 'Ic ferde from þam Fædere 7 com to middanearde. Ic forlæte eft middaneard 7 ic fare eft tó þam
16 Fæder.' Hé cóm to middanearde 7 wæs món isæʒenlic, þe ðe unsæʒenlic mid þám Fæder wæs; 7 he forlet middaneárd mid þam ðe hé úp astah on ðare menniscnysse to þam unsæʒenlice. Ac he wunæð swa ðeah oð ðissere worulde ende mid his halʒum monnum
20 on ðare godcundnysse, swa swa he sylf bihet—ðe ðe ne wæʒeð næfre. Gif þú þisses wundræst,—hú hé wuniæn maʒe mid monnum on eorðe 7 eác swylce on heofenum,—sceawæ bi þare synnan, ðe is Godes ʒesceaft, hú heo maʒe sendon hire scinende
24 leome from hire upplice rýne ofer alne middaneárd. Þe sunbeám biscinæð þe swytellice alne, 7 ne mæʒ þe Allwealdend, ʒif þu hine lufæst, his leomen þe senden 7 eác þe lufiæn? 'Ða sædon his folʒeræs mid swiðlicere blisse, Efne ðu spæcest nú swutellice,
28 leof, 7 þu nateshwón ne sæʒst nán biʒspél us nú.' Hwæt maʒe wé eów sæcgan swytelycor bi ðyssum, ðenne þa apostolas hit isæʒd habbæð, swá swá ʒe iherdon nú on þissere sæcgene? 'Nu we witen soðlice þ ðu wast alle ðing 7 þe nis nán néod þ ðe hwa
32 axiæ.' Ful soð héo sæden be þam soðan Hælende þ he alle ðing wát swa swá Alwealdend God; 7 ðat is ðeo swytelung his soðan godcundnysse—ðæt he mæʒ ásmeaʒen alre monne héortan, 7 úre ðohtæs þurhseon alle; 7 we ne ðurfæn axiæn hu he sylf dón

this shall the holy ones understand when they see him. The Holy Father was not born to us as a man, nor did he suffer for us; but the Son suffered who alone received human nature. And here you can perceive that they are three and yet one God, as we have said before. The gospel further continues the Saviour's words in this way, 'I have not now said unto you that I myself will pray that same Father and intercede for you.' In the human nature in which he is clothed he prays his Heavenly Father for his holy ones; and, in his divine nature in which he is God, he grants all things for ever together with the Father; and we have in the Son a very excellent mediator. 'The Father himself loveth you because ye have loved me, and have believed that I came from God.' Here you can understand that he who has not the Son, has not the Father who sent him; and the Father loves those who believe in Christ, and he is blessed who shall receive such love.

'I came from the Father and am come into the world; again, I leave the world and go back to the Father.' He came to the world and was a visible man,—he who had been invisible with the Father; and he left the world when he ascended in his human form to the invisible. But he shall remain nevertheless, until the end of this world, with his holy ones in the Godhead, as he himself promised—he who never deceives. If thou wonderest at this—how he can dwell with men on earth and also in heaven—take note by the sun which is God's creature, how it can send down its shining ray from its high orbit above the whole world. The sunbeam sends its light clearly all about thee, and cannot the Almighty—if thou lovest him—send thee his rays and love thee too? 'Then said his disciples with exceeding joy, Lo, now speakest thou plainly, dear (Master), and thou dost not by any means tell us any parable now.' What can we say to you plainer about this, when the apostles spoke, as ye have just heard, in these words, 'Now know we indeed that thou knowest all things and there is no need that any one should ask thee'? Very truly they said of the true Saviour that he knows all things, even as God Almighty; and this is the manifestation of his true Divinity—that he can search the hearts of all men and see through all our thoughts; and we need not inquire how he himself will act. The apostles then wylle. Ðá apostoli sæden þá swá swá we sceolon dón, 'On þám we ilyfæð þ ðu from Gode cóme.' 7 we sceolon ilyfæn on ðone lifiȝende Hælend, þ ðe Fæder us lufiȝe þe hine sende, 7 ure heortæ 4 onlihte mid þæs Halȝæn Gastes ȝyfe. Þam is æfre án wuldor 7 an wurðment. AMEN.

[III]

[Fol. 8, l. 27.] **Erat quidam regulus cuius filius infirmabatur Capharnaum &. reliqua.**

8 Ure Hælend cóm hwilon tó Chánan, þam túne on Galileiscre scire, ðær ðær hé swyðest bodede; 7 on þam tune hé awende hwilon water to wine, six fate fulle mid þam fyrmestan wine. Ðá wæs sum underkyng on Capharnan buriȝ, 7 his sune ða læȝ séoc 12 to forðfóre. Ðá axode þe underkyng embe þæs Hælendes fǽr, þ he from Iudea londe com to Galileam, ferde þá [fol. 8 b] to þam Hælende 7 hine bæd ȝeorne þ he sceolde faren 7 his sune hælen, þe læȝ þá æt forðsiðe his lifes unwæne. Þa andswarde þe Hælend 16 þus ðam underkynge, 'Buton ȝe tacne iséon, nelle ȝe ilýfæn.' Þe underkyng him andswarde eft, 'La, leof Drihten, fare to mine sune ær þan ðe hé swælte.' De Hǽlend him cwæð þus tó, 'Fare ðe nú on þinne wæȝ; þin sune leofæð.' Ðá ilyfde þe kyng ðæs 20 Hælendes spǽce, 7 wende him hamweard, 7 hopode to þán. Ða comen ðæs on mareȝen his mén him toȝeanes 7 cydden him mid blisse þ his sune leofede. De fæder héom befran þa mid fýrwetnysse sónæ, on hwylcere tide þe sune ȝewúrpte. Heo sæden him 24 to andswáre, 'Gyrstændæȝ he wurpte; swa ofer midne dæȝ, þ hine forlet þeo fefor.' Þa oncneów þe fæder þ hine forlet þe fefor on þare ylcæ tide þe ðe Hælend him to cwæð, 'Fare þe nú hám raðe; þin sune leofæð.' 7 he þá sylf ilyfde, 7 all his hired þurh ðæt. 28 Ðis godspel is nú sceortlice isǽd on Englisc, 7 we wullæð éow sæcgæn sum andȝit þertó of þare trahtnunge bi eowræs andȝites mæðe; ná swá ðeah to longlice, þ hit eow æðryt ne þynce. Underkyng is ihaten þe under þam casere rixæð; 7 on þam time 32 wæron caseres on Rome swá þ heo ahton ða anweald 7 cynedóm ofer alne middaneárd 7 ofer alle kyngæs æfter Cristes acennednysse. 7 heo kynelice rixoden felá hund ȝeare; 7 héom mon feorran

said, even as we must do, 'Therefore we believe that thou hast come from God.' And we must believe on the living Saviour, that the Father who sent him may love us, and enlighten our hearts with the grace of the Holy Ghost. To whom is ever only honour and glory. Amen.

III
Erat quidam regulus cujus filius infirmabatur &c. [John iv. 46]

OUR Saviour came once upon a time to Cana, the town in the district of Galilee, where he used to preach very much; and in that town he once changed water into wine,—six vessels full of the best wine. There was then a certain under-king in the city of Capernaum, and his son lay sick unto death. When the under-king learnt about the Saviour's journey,—that he was come from Judaea into Galilee,—he went to the Saviour and prayed him earnestly to come and heal his son who lay then at the point of death, his life despaired of. Then answered the Saviour thus to the under-king, 'Except ye see miracles, ye will not believe.' The under-king answered him in return, 'Lo! dear Master, come to my son before he die.' The Saviour said to him thus, 'Go now on thy way; thy son liveth.' Then the king (under-king) believed the Saviour's word, and turned homeward, and trusted in this. Then, in the morning his men came to meet him, and told him with joy that his son lived. The father asked them at once, with curiosity, at what hour his son recovered. They said to him in answer, 'Yesterday he recovered, it was even about mid-day that the fever left him.' Then the father recognized that the fever had left him at the same hour that the Saviour had said to him, 'Go now home quickly; thy son liveth.' And he himself believed and all his house because of this.

This gospel has now been briefly told in English, and we wish to tell you some exposition thereto from the commentary according to the extent of your understanding; however, not at too great length, so that it may not seem tedious to you. An 'under-king' is a name for one who rules under the emperor; and at that time there were emperors in Rome such as had the rule and dominion over the whole earth and over all kings after Christ's incarnation. And they ruled in royal fashion for many hundred years; and from

brohten of huwhilce londe æʒðer ʒe lác ʒe gafol; 7 héo sume eác cómen to Englelonde hwilon, 7 ðer forðfærdon,—heoræ forwel felæ. Ða wæron ða underkyngæs þam casere underðeode, to ðam
4 ðe heo wolden, 7 heoræ wurðscipe wæs bi þæs caseres willæn, loca hu he wolde. Ðæt cydde þe casere þam kynge Archelau þæs Herodis súne, þe þa childræn acwalde. He sette út of kynestole 7 sende hine on wræcsiðe for his forwenednysse. 7 ʒesette for hine
8 feower oðre kyngæs, þa wæren fiðerricæn, for þan ðe heoræ ælc hæfde feorðen dæl þǽs rices on Iudea londe; 7 wæs swa ilytlod heoræ ælces andweald, þ heo unðances sceoldon buʒan þam casere, to his kyneʒyrde. Nu wæs þés kyng þe cóm to Criste under-
12 kyng iháten on þa ylcan wisæn, 7 he bæd his sune hælu,—swá swa hǽr sæʒð þis godspel,—þe læʒ ða ǽt forðsiðe on Capharnan buriʒ. Ða andswarde þe Hælend þus þam underkynge. 'Buton ʒe tacnæ iséon, nylle ʒe ilefæn.' Næs þe kyng alles buton Cristes
16 iléafæn, ða ða he hine bæd þ he hælde his sune; ac he næfde swa ðeah alne ʒeileafan, swa swá món ilyfæn scéal on ðone lifiʒenden Hælend, þ he mæʒ alle þing on ælcere stówe. He mihte hælen mid his hæse his sune, swá swa he ða dýde, ðeah ðe he ne siðode
20 hám to his huse mid him 7 hine swá ʒehælde. Ðe kyng nyste þa ʒyt þ Crist mihte swa dón 7 mid his worde hine hælen, 7 he forþy béd hine þ he ðer cóme 7 ðone cnapæn hælde. Gif he rihtlice ilyfde, he sceolde ðonne witen þ God sylf is æʒhwær, on ælcere
24 stowe, þurh his mycele mihte; 7 mæʒ æfre hélpan allum [fol. 9] ðe to him clypiæð on ælcere stowe. Wen is þ eower sum þisses wundriʒe nú, hu ðe Almihtiʒæ God ælcne món ihére, beo ðær he béo, ʒif he bit his mildsunge. Ac ʒesceawæ þás sunnæn hú héo
28 scynæð æʒhwǽr 7 send hire leomen to alle londum endemes; 7 héo is ðeah ʒesceaft iscéapen þurðh þone Hælend. Mycele swyðor mæʒ þe Almihtiʒæ Wealdend his léomen senden to his ileaffullum monnum on ʒehwylcum londe, locæ hú he wulle, 7 heom swa
32 fréfrén, 7 his fultum heom dón þurh his mycele ʒife þe mæʒ alle ðing. Þe underkyng him andswarde, 'Efest la, leof Drihten, fár

9 feorðen] feorðen MS. 20 ʒehælde] ʒehælen MS.
28 londum] l *altered from another letter.*
30 Wealdend his] wealdend hé his MS.

every land were brought them from far both presents and tribute; and some of them even came to England in times ago, and there died, full many of them. Now the under-kings were then subject to the emperor in what they ordained, and their importance was according to the will of the emperor—in whatever he pleased. The emperor made this known to king Archelaus, the son of that Herod who massacred the children. He banished him from his throne and sent him into exile for his presumption. And he set up instead of him four other kings, who were tetrarchs, because each of them had a fourth share of the kingdom in Judaea; and thus the power of each of them was diminished, so that they had to submit of necessity to the emperor—before his sceptre. Now this king who came to Christ was called an under-king in the same way; and he prayed, as the gospel here says, for the healing of his son, who lay at the point of death in the city of Capernaum. Then answered the Saviour thus to the under-king, 'Except ye see miracles, ye will not believe.' The king was not altogether without faith in Christ, since he prayed him to heal his son: but nevertheless he had not complete faith, such as one ought to have in the Living Saviour, believing that he can do everything in every place. He was able to heal his son with his word, as he then did, even though he did not journey home to his house with him and so heal him. The king did not yet know that Christ could thus accomplish it, and heal the youth with his word, and he therefore prayed him that he should come thither and heal him. If he had had proper faith, he ought to have known then that God himself is everywhere, in every place, because of his great power; and he can ever help all who call on him in every quarter.

Now I expect that some of you will now be wondering at this,—how the Almighty God can hear every man, wherever he be, if he prays for his mercy,—but look on this sun how it is shining everywhere and sending its rays to all lands equally; and it is, nevertheless, a thing created by the Saviour. Still more potently can the Almighty Ruler send his rays to his faithful people in every land, however he pleases, and so comfort them and send them his help through his unbounded grace, which can accomplish all things.

The under-king answered him, 'Lo, dear Master, come very

to mine sunæ ær þan ðe he swelte.' Hér him twéonode eft for
his andʒitleaste. He sceolde ilyfen þæt þe leofæ Hælend mihte his
sune hælen swá swá he Lazarum dyde, þeah ðe hé dead wære, þurh
4 his drihtenlice mihte. Forþan ðe Lazarus læʒ on buriʒene feower
niht fule þá stincende; ac he forð stóp sonæ þa ðe úre Hælend
hæt hine forþgán, 7 he syððan leofede longe mid monnum.
Crist cwæð to þam kynge, 'Far ðe nú on ðine wæʒ; þin sune
8 leofæð'; 7 his sune wearð swá fróm his séocnysse hal. Sum
hundredes aldor com to þam Hælende hwilon on oðre stowe, 7
cwæð ðus to him þá, 'Eala, ðu leofe Drihten, min cnapæ lið æt hám
al on paralisim, 7 hé yfele þrówæð.' Ðe Hælend him cwæð tó,
12 'Ic cume me sylf to him 7 ic hine hæle.' Þa cwæð þe húndredes
aldor, 'Ne ám ic ná wurðe, Drihten, þæt ðu swá dón sceole—þæt
ðu under mine rófe inʒonge mid fotum; ac cwæð þin word, 7 min
cnapæ bið hál. Ic sylf am nú an mon on anwealde isét, 7 ic
16 habbe under me moniʒæ cnihtæs on fare; 7 ic cwæðe to ðissum,
Far ðu, 7 he færð; al swa eft to oðrum, Cum þú, 7 he cymæð
sonæ; 7 to mine ðeowe, Dó þus, 7 he deþ.' Ðá wundrode þe
Hælend his wordæ 7 ʒeleafen; 7 on ende cwæð to him, 'Far ðe nú
20 hamweárd, 7 ʒetimiʒe þe swá swa ðu ilyfdest.' 7 his cnapæ wearð
ihæled on ðare ylcan tide. Ðe underkyng laðode Crist to his huse
hám; 7 he nolde swa ðeah nateshwón mid him fáren. 7 he wolde
unlaðod to þam licgendæ cnapæ þæs hundredes [aldres], swá swá ʒe
24 ihyrdon nú for his eadmodnysse, ꝥ he eác swutelode ꝥ we sceolen
arwúrðiæn þa eadmoden symle, 7 þæs monnes ʒecýnd ná his mihte
wurðiæn. We né cunnon wurðiæn witollice on monnum ꝥ heo
Godes anlicnysse habbæð on héom sylfum, ac þa welan we wurðiæþ
28 wólice on ðam ricum. Ac þe Hælend nolde siðiæn mid þám kynge,
ðeah ðe he ibeden wære; ac wæs ʒearu to farenne to þam bæddræ-
dæn cnapæn, ðeah ðe ðe hundredes aldor hine þæs ne béde, ꝥ he
swá ʒeswutelode þæt we sceolon tocnawæn hwæt wé us sylfe beoð,
32 ná hwæt we sylfe habbæð, 7 þá soðan eadmodnesse on us sylfe
cyþan. Ðá ilyfde þe kyng þæs Hælendes spéce, 7 [fol. 9 b] wende,

5 fule] fulle *MS.*
27 ac] 7 ac *MS.*, *with deletion dot under 7.*
18 ðeowe] ðeowum *MS.*
30 cnapæn] cnpæn *MS.*

quickly to my son before he die.' Here he was again doubtful because of his want of understanding. He should have believed that the beloved Saviour could heal his son, even as he healed Lazarus through his divine power, though he were dead. For Lazarus lay then in the grave four nights stinking foully; but he stepped out immediately our Saviour bade him come forth, and afterwards lived long among men.

Christ said then to the king, 'Go now on thy way; thy son liveth'; and his son was thus healed of his sickness. A certain centurion once came to the Saviour in another place, and thus said to him, 'Lo, thou beloved Lord, my servant lieth at home all paralysed, and he suffereth grievously.' The Saviour answered him, 'I shall come to him myself and heal him.' Then said the centurion, 'I am not at all worthy, Lord, that thou shouldst so do, —that thou shouldst enter under my roof with thy feet: but speak thy word, and my servant shall be whole. Now I myself am a man set in authority, and have under me many soldiers in my company; and I say to this one, Go, and he goeth; and so again to another, Come, and he cometh at once; and to my servant, Do this, and he doeth it.' Then marvelled the Saviour at his words and at his faith; and at last he said to him, 'Go now homeward, and may it happen to thee even as thou hast believed.' And his servant was healed in that very same hour.

The under-king invited Christ to his house; and yet he would not by any means go with him. And he was willing to go to the centurion's servant who lay sick unasked, as you have just heard, because of his humility, and also to make it clear that we must always honour the humble and esteem a man's nature and not his power. Indeed we do not know how to honour men for their having God's image in them, but we wrongly honour the rich for their wealth. However, the Saviour would not go with the king though he was entreated; yet he was ready to go to the bedridden servant, though the centurion did not ask this of him, in order that he might thus make it clear that we ought to recognize what we are in ourselves, and not what we ourselves possess, and show true humility in ourselves. Then the king believed the Saviour's words, and turned home, and trusted in

him hamweard, 7 hopode to þám. On þæs Hælendes wordum he undernám ʒeleafan; 7 sǽ ðe mid twynunge com to ðam Hælende, þe ferde ileafful to his londe hamweard; 7 he forþan earnode swá 4 his sune hæle. Ða comen ðæs on mareʒen his mén him toʒeanes, 7 cyddon him mid blisse þæt his sune leofode. Þe fæder héom befran ða mid fyrwytnysse sonæ, on hwylcere tide ðe sune wurpte. Heo sæden him to andswáre, 'Gyrstendæʒ he wyrpte; swa ofer 8 midne dǽʒ þ hine forlet þeo feofer.' On ðare seofoðen tide wearð his sune ihæled, 7 þæt ʒetel is haliʒ þurh ðone Halʒæ Gast on his seofenfealde ʒyfe, ðe ure sawle onlihtæð; 7 he us dæþ forʒyfennysse alræ ure synnæ. Ðá oncneów þe fæder þæt hine forlet 12 þeo feofer on ðare ylcan tide þe ðe Hælend him to cwæð, 'Fare þe nú hám ræðe; þin sune leofæð'; 7 he þa sylf lyfde 7 all his hired þurh ðæt.' Þeo Cristes bóc ús sæʒð þæt Crist sylf bodede tweʒen daʒes on án on Samarian buriʒ, 7 heo ða ilyfdon þurh his láre on 16 Gód. Nú ilyfde þes kyng on Crist mid his hirede þurh ðæt án wundor þe he wrohte on his sune; forþan ðe moniʒe ilyfæþ of alle londe on Crist of hæðenum ðeodum þurh his halʒum apostlum þe þæs Hælendes ǽ ofer lond seowon. Ða Iudeisce isæʒen hú he 20 wrohte tacnæ mycele 7 móniʒæ him sylfe tomiddes; ac swá ðeah to feawe of þam folce ilyfdon. Ða Iudeisce boceræs bifrynnon hine hwilon, 'Sæʒe us, we biddæþ, on hwæs mihte ðu wurcæst þas syllice wundræ; oððe hwá ʒeaf þe ðesne andweald þæt ðu swylce 24 ðing makyʒe?' De Hælend heom andswarde, 'Sæcgð me nú án ðing,—wæs Iohannis fulluht of heofenum oððe of mannum?' Ða smeadan ða boceræs betwyx héom, þus cwæðende, 'Gif we him nú sæcgæð þæt his fulluht beo of héofene, þenne andswaræþ he us, 28 Hwi nolde ʒe him ilefen. Gif we þenne sæcgæþ þæt his fulluht is of monnum, þenne wule al folc us oftorfiæn mid stanum, for þan ðe heo witæn tó soðe þæt Iohannes is witegæ.' Héo cwæden þa to andswáre, 'Nute we ná to sæcgenne hwanon Iohannis fulluht 32 beo'; 7 þe Hælend heom andswarde, 'Ne ic eác eów ne sæcge on hwylcere mihte ic makiʒe þas wundræ.' 7 héo letæn þa swá. Ða boceræs wæron ablende on mode þá þa heo nolden sæcgen soð be

---

11 synnæ] synnum *MS*.   15 on Samarian] *before o an s has been partly erased*.   18 apostlum] apostlæˢ *MS.*, *with s above an erasure*.

them. In the Saviour's words he took faith; and he who had come with doubt to the Saviour went home to his land believing; and he therefore earned his son's healing in this way.

Then on the morrow his men came to meet him, and told him with joy that his son lived. The father then immediately asked them with curiosity, at what hour the son recovered. They said to him in answer, 'Yesterday he recovered; it was even past mid-day that the fever left him.' In the seventh hour was his son healed; and that number is sacred because of the Holy Ghost, who with his seven-fold gifts gives light to our souls; and he brings us forgiveness of all our sins. Then the father knew that the fever had left him in the same hour when the Saviour had said to him, 'Go now home quickly; thy son liveth;' and he himself believed and his whole house because of this.

Christ's book tells us that Christ himself preached for two days continuously in a city of Samaria, and they believed then on God through his teachings. Now the king believed on Christ with his household through the one miracle which he wrought on his son; so, many from all lands,—from heathen nations,—believe on Christ through his holy apostles who have sown the Saviour's Word over lands. The Jews saw how he accomplished many great wonders in their own midst; but nevertheless too few of that people believed. The Jewish scribes asked him once, 'Tell us, we pray thee, in whose authority thou doest these strange wonders; or who gave thee this power, that thou canst do such things?' The Saviour answered them, 'Tell me now one thing,—was John's baptism from heaven or from men?' Then the scribes reasoned amongst themselves, thus saying, 'If now we say to him that his baptism is from heaven, then he will answer to us, Why would ye not believe him? If we then say that his baptism was from men, then all the people will pelt us with stones, because they know for certain that John is a prophet.' They said then, in answer, 'We cannot by any means tell whence John's baptism is'; and the Saviour answered them, 'Neither shall I tell you with what authority I do these miracles.' And so they left him then. The scribes were blinded in their hearts when they would not speak the truth concerning John, because they knew well that his

Iohanne, ðonne héo wæl wiston þæt his fulluht wæs of Gode; 7 heo dweloden swyðe þa ða héo swylces axoden, hwanon Cristes miht wǽre on his mycle wundrum. For þan ðe heo mihten icnawæn—
4 ȝif heo cyðen æniȝ god—þæt nan món ne mihte makiȝen swylce tacnæ butan Gode sylfum, oððe on Godes nome, þe ðe áne wurcð wundræ ðurh his mihte. Swá swa þe sealmwurhte song hwilon bi Góde, *Benedictus Dominus* [fol. 10] *Deus Israelis, qui facit*
8 *mirabilia solus*; 'Ibledsod is þe Drihten Israele ðeodæ God þe ðe ane wurcæð wundræ þurh his mihte.' Forþan ðe nán món ne mæȝ nane mihte fremmæn, buton God wurce þa wundræ ðurh þone món. Þe ðe him sylf makæð mihte 7 wundræ butæn ælcum mén ; ðam
12 is anweald 7 wuldor 7 wurðment on ecnysse á to worulde. AMEN.

[IV]

[Fol. 10, l. 6.] **Simile est regnum celorum homini regi & reli**q**ua.**

Cristes iwunæ wæs ðæt he wolde oft spæcæn on deopum biȝ-
16 spellum to his discipulis ; ða sæde he hwilon biȝspel to héom. Heofene rice is ilic ane kynge, hé ðe hæfde mót wið his mén hwilon 7 wolde mid ȝesceade settan his spæce. Hé spæc þa wið ænne món þe him ahte to ȝéldene tén þusend pundæ, 7 manode him þæs féos.
20 Ða næfde þe ðeȝen náne mihte to þám þæt he ðam laforde his láne forȝylde ; ac þe laford het þa lædon ðone þæȝen mid wife 7 mid alle his cildrum 7 syllæn wið féo, þæt húre his lán wurde him forȝolden. Þa feol ðe þæȝen adún to his lafordes fotum 7 bæd hine
24 ȝeorne mid þissum worde, cwæðende, 'La, leof, lět me fyrst 7 ic þin feoh forȝylde.' Ðe laford þá mildsode þam ðeȝene þerrihte, 7 lǽt hine faren, 7 all þæt feoh him forȝéaf. Ða eode þe ðeȝen út ; 7 he efne þa imette sumne oðerne món of his aȝenum iferum, þe
28 ahte him to ȝeldenne hundtentiȝ peneȝæ. 7 ilæhte hine sonæ, 7 læȝde hine ádún 7 hine of ðryhte, ðus cwæðende him to, 'Aȝéld nu swiðe raðæ þæt þæt ðu me ȝeldæn scealt.' Ða ȝeælnode ðe oðer hine úp swa ðeah, 7 feol to his fotum fyrstes him biddende. Bihét
32 þæt he wolde al his feoh him forȝeldæn. Þa nolde þe ðeȝen læten

2 dweloden] *the* w *altered from* e.   3 wǽre] *the* w *altered from another letter*.
3 ðe] de *MS.*   15 Cristes] CRI^stes *MS.*   21 wife] wifum *MS.*

baptism was of God; and they were exceedingly foolish when they asked such a question, whence Christ's power in the matter of his great miracles might be. For they might have known,—if they had known anything right, that no man could have performed such miracles except God himself, or in the name of God, who alone doeth wonders through his might. Even as the psalmist sang long ago concerning God :—*Benedictus Dominus Deus Israelis, qui facit mirabilia solus*; 'Blessed is the Lord God of the people of Israel who alone doeth wonders through his might.' For no man can do any mighty acts unless God produce the wonders through that man. He who himself works miracles and wonders apart from all men; to him is power and glory and honour in eternity ever world without end. Amen.

IV

Simile est regnum caelorum homini regi &c. [Matt. xviii. 23]

It was Christ's custom that he would often speak in deep parables to his disciples; and once upon a time he told a parable to them. The kingdom of heaven is like to a king, who once had a reckoning with his men and would settle his case shrewdly. He spoke, then, with one man who had to pay him ten thousand pounds, and demanded the money of him. Then the servant had no means whereby he could repay his loan to his master; and the master bade them take the servant with his wife and all his children and sell them for money, so that his loan should be repaid him notwithstanding. Then the servant fell down at his lord's feet and prayed him earnestly with these words, saying, 'Lo, dear (Master), grant me time and I shall repay thy money.' The lord then had pity on the servant therewith, and let him go, and forgave him the whole sum. Then the servant went forth: and even then he met with another man, one of his own companions, who had to pay him a hundred pence. And he took hold of him at once, and thrust him down, and molested him, thus saying to him, 'Pay now very quickly what thou hast to pay me.' Then the other nevertheless collected himself, and fell down at his feet praying him for a respite. He promised that he would repay him the whole sum. And the servant

him nænne fyrst, ac sette hine on cwearterne mid swiðlicum gramæ
oð ðet he him forȝylde unðances his feoh. Ða isæȝen þa hiredmén
hú ðe þeȝen dyde embe ðone oðerne, 7 unrodsoden swiðe 7 cyddon
4 þam kynge hú hé idon hæfde. Ðe kyng het þa sonæ hine clypiæn
him tó, 7 cwæð ðus mid ýrre, 'Ealæ, ðu, yfelæ ðeowæ, ic forȝeaf
þe ðone scéat, swa swa ðu‧me béde; 7 ðu noldest forȝifæn swá
þinum ȝeferæn 7 him swa mildsiæn, swá swá ic ðe mildsode.' Ðá
8 yrsode ðe laford, ant lǽt hine bitǽcen þam stiðum witnerum, þe
hine witniæn sceolden, oð ðet he forȝylde al ðæt feoh him seolfum
for his arleasnesse þæt þæt he him forȝéaf. Nú sæȝð us þis godspel
þæt þe Hælend þa sæde. 'Al swá deþ to soðan min heofenlice
12 Fæder eów, ȝif ȝe ne forȝifæð eowrum ȝebroðrum, ælc án of his héor-
tæn, þ þ he aȝýlte.' [fol. 10 b] Hér is mucel andȝit eow monnum
to witenne; 7 we nimæð hér to to ðissere trahtnunge Augustinum
ðone wisæ, ðe we wæl truwiæð, swa swa he hit ȝeloȝode on ðare
16 Ledenspæce; ·7 we al swa hit sæcgæð ón Engliscere sprece eów.
Heofene rice is ihaten on ðissere stowe Godes aȝene laðung, þæt is,
al Godes folc, ðe rihtlice ilefæð on ðone lifiȝende God; 7 on þare
laðunge ȝewurð þeos ȝelicnesse, for þan ðe God sylf is þe soðæ kyng
20 þe us monnum mildsæð for his mycele cyste, 7 wule þæt we mild-
sien oðrum monnum al swá. Ðe Hælend cwæð hwilon to þam
halȝan Petrum ðus, 'Gif þin broðor synegæð wið þe, cyð him
onsundron ærest. Gif he þe ihyræð, swá ðu strynest hine Gode.
24 Gif he þe ne ihyræð, hafe ðe to ȝewitæn ænne broðor oððe tweȝen,
7 ðrea hine eft swá; ant ȝif he hi[m] ne ȝehyrð þæt he hine ȝerihtlæce,
sæȝe ðenne openlice on alle ȝelaðunge. Gif he ðonne ne ȝehyrð
ða halȝa laðunge, beo he ðenne ælfremed, swa swa hæðen món
28 from ðe.' Ða axode Petrus, 'Hú ofte sceal ic forȝifæn ? Bið inoh
seofen siðum ?' 7 him sæde ðe Hælend, 'Ne sæcge ic ná seofen
siðum; ac ðu scealt forȝifan seofon siðon ȝewis, 7 hundseofentiȝ
siðon.' Ða sæde him ðe Hælend syððan þis biȝspel, swa swa we
32 hwene ær eów sæden on Englisc. For þan ðe he us lærde mid þare

---

3 *Over* unrodsoden *is written* unglededon *in the same hand.*
7 ȝeferæn] ȝeferū *MS.*
7 mildsiæn] mi¹dsian *MS.*
9 witriæn] *the second* n *altered from another letter.*

would not grant him any respite, but put him in prison with grievous afflictions until that he should pay him back his money by compulsion. Then those of the household saw how the servant had acted towards the other; and they were sorely grieved and told the king how he had behaved. The king bade them call him at once to him, and thus said in anger, 'Lo, thou wicked servant, I have forgiven thee the money, even as thou didst pray me; and thou wouldst not forgive thine own companion and show such mercy to him as I showed to thee.' Then the lord was angry, and had him given to the cruel tormentors, who should torment him until he might pay back the whole sum to him, because of his wickedness,—even that which he had forgiven him.

Now this gospel tells us that the Saviour then said, 'So likewise shall my heavenly Father indeed do unto you if ye do not—every one of you from his heart—forgive your brother for what he may do against you.'

Here is a great lesson for you men to know; and we shall here take for this exposition Augustine the wise, whom we truly believe in, even as he put it in the Latin speech; but we shall, however, deliver it to you in the English tongue.

The kingdom of heaven is a name in this passage for God's own church, that is, all the people of God who rightly believe on the living God; and this likeness suits the church, because God himself is the true king who has mercy on us men through his great excellence; and he desires that we should have mercy on other men in the same way. The Saviour said thus on one occasion to St. Peter, 'If thy brother sin against thee, make it known to him first privately. If he hear thee, so art thou winning him over to God. If he hear thee not, have for thy witnesses one or two brethren, and so reprove him again; and if he do not hearken to them in amending himself, then proclaim it openly among the whole congregation. If he then will not hearken to the holy congregation, let him then be as a stranger, even as a heathen man, to thee.' Then asked Peter, 'How often shall I forgive? Is it enough for seven times?' And the Saviour said to him, 'I do not indeed say for seven times; but thou shalt forgive for seven times indeed and for seventy times.' Then the Saviour told him afterwards this parable, even as we have related it to you a short time ago in English. Wherefore he has given us a lesson by means of the

licnesse, 7 nolde þæt we loseden, from his lufe ælfræmede. Ælc mon
eornestlice ah to ȝeldene sum þing, ant hæfð oðerne món þe him sceal
sum ðing; forþon ðe nán mon nis ðe næbbe sume synne, ant nán
4 món nis eft aht eað [fynd]e on life þe næbbe oðerne món ðe wið hine
aȝylte. Nú sette God sylf us þesne reȝol betwyx ús—þæt we þam
forȝifan þe wið us aȝyltæð, ꝥ God us forȝife ure gyltæs wið him.
Twá weorc beoð þare soðan mildsunge þe us alysæð be Cristes sylfes
8 láre. *Dimitte & dimittetur uobis, date & dabitur uobis.* He cwæð,
'Forȝife ȝe, and eów bið forȝifen. Doð gód oðrum monnum, 7 eów
bið god iȝifen. Þu bist mildsunge æt Gode; mildsæ ðu oðre mén.
Þú wylt underfón gód; tyðæ ðu oðre men,—ná for ðissum life áne,—
12 ac for þam éce life, ðær ðe bið forȝolden be hundfealde iwiss swa mycel
swa ðu bi anfealde her monnum tyðæst for þæs Hælendes lufæn, ðe ðe
het dón swá.' Nu maȝe we axiæn swa swa Petrus axode, 'Hú ofte we
sceolon oðrum monnum forȝifæn ?' Ælce dæȝe we biddæþ ure synne
16 forȝifennysse on þam paternoster—swá swá Crist sylf us ȝesette þæt
ȝebed; ærest his apostolis, 7 heo syððan us forþ—ꝥ God sylf ús forȝife
ure synnæn wið hine, swa swa we forȝifæð þam ðe wið us aȝyltæð.
Nu acsoð God þe hu felæ synna he forȝife þe, þenne sæȝest ðu, 'alle';
20 do þu al swa ðe sylf forȝif allum þam monnum ðe wið þe agyldtæþ.
Hwæt ȝemænð þonne ic cwæðe ꝥ moniȝfealde ȝetel seofen 7 hund-
seofentiȝ ? Nú sæȝð us Augustinus mycele tacnunge be ðam ȝetæle
þus. Ðá þa ure Hælend wæs hér on life ifullod, þa tealde þe god-
24 spellere Lúcas from Criste sylfum upweard to Adame alle þa fæderæs
æfre, from men to oðrum; 7 he funde þa seofen and [fol. 11] hund-
seofentiȝ fæderæs, þæt beoð swa fæla mæȝða. Ant Matheus þe
godspellere ongon to tellenne fram Abrahame duneweárd oððet
28 Cristes acennednysse. He tealde niðerweard hú Crist cóm to mid-
danearde, 7 Lucas tealde upweárd fram Cristes fulluhte, forþan ðe
his úpstiȝe ongan on þam fulluhte. On his fulluhte wǽron heofenæs
iopenode,—ðæt iseah Iohannes, þe hine fullode,—7 Lucas tealde
32 þanon, swá swá we sædon ǽr, úpweard to Adame seofen 7 hund-
seofentiȝ mæȝða. Nu næs nán mæȝð forlæten æfre fróm men to
oðrum; ne nán synna þæt ne sceal beón forȝifen. Forþan ðe on

---

1 loseden] *the* s (*altered from* c?).
28 *After* acennendysse *is an erasure of* s.

simile, and he would not that we should perish, having no share in his love. Every man indeed has to pay something, and every one has another who owes him something; for there is no man who has not some sin, and there is no man, again, at all easily to be found in the world who has not another who has sinned against him. Now God himself has established this rule amongst us,—that we shall forgive those who sin against us, in order that God may forgive us our sins against him. There are two operations of the true mercy, which shall redeem us according to Christ's own teaching. *Dimitte et dimittetur vobis, date et dabitur vobis.* He said, 'Forgive, and it shall be forgiven you. Do good to other men, and good shall be given you. Thou askest for mercy from God; have thou mercy on other men. Thou wishest to meet with good; do it to other men,—not for this life alone,—but for the eternal life, where it shall be repaid thee an hundredfold indeed as much as thou doest here give to men onefold for the love of the Saviour, who commanded thee so to do.' Now we may ask, as Peter did, 'How often we ought to forgive other men?' Every day we pray for forgiveness of our sins in the paternoster,—even as Christ himself ordained that prayer for us; first for his apostles, and they afterwards for us—that God himself may forgive us our sins against him, even as we forgive those who sin against us. Now if God asks thee how many sins he should forgive thee, then thou sayest, 'All'; even so do thou thyself forgive all men who sin against thee. What does it mean when I speak of the multiple number seventy-seven? Now Augustine mentions to us great points of signification concerning the number in this way. When our Lord was baptized here in the world, Luke the evangelist reckoned all the fathers from Christ himself up to Adam at all times, from one man to another; and he found then seventy-seven fathers,—that is, so many generations. And Matthew the evangelist started reckoning from Abraham downward until Christ's birth. He reckoned down to Christ's appearance on earth, and Luke reckoned up from Christ's baptism, because he began his ascension at his baptism. At his baptism the heavens were opened,—which John, who baptized him saw,— and Luke reckoned, as we said before, from that point up to Adam, seventy-seven generations. Now there was no generation passed over at any time from one man to another; and no sin that shall

ðam fulluhte beoð alle synna forȝifenæ, ðanon þe Lucas tealde þa mæȝracan upwéard. Ða ða ðe Hælend wolde hér on life beon acenned on þare seofan mæȝðe 7 ðare hundseofenteoðan mæȝðe, 7
4 bead syððan Petrum þæt he swá oft forȝife, ðæt he ȝeswutelode þæt alle synna sceolen beon á forȝifene be ðam ylcæ tele. Git þær is oðer tacnuncg alswá deop swá ðis. Godes laȝe wæs isett þurh hine sylfne, iwriten on twam stænene weaxbræden mid týn ealicum
8 wordum, þæt is *Decalogus* icwæden on Leden, ða hé bitæhte Moysen on ðam munte Synay his folce to steore, 7 forð swa us alle. Nu is þæt týnfealde ȝetel on ðam tyn ðusendæ—swa fela ðusend pundæ sceolde þe ðæȝen þám kynge; 7 hundteontiȝ peneȝæ bið tyn siðes
12 téne— swá mycel sceolde þe mon þam þeȝene bi þam ylce ȝetæle be þam týn bebodum þe God sylf sette his monnum to steóre. On ðam ténfealde ȝetæle bið Godes laȝe ifylled; 7 on endlyfænfealde bið þeo forȝeaȝednysse þ mon Godes [laȝe] tobræce mid forȝæȝednysse
16 7 synna ȝefræmme on his ȝesetnysse. Forþyȝ wéron itealde ón þam Godes itælde, þe Moyses wrohte on þam wæstene, þá alles endlyfæn wæbb betwyx þam oðrum webbum. Þa endlyfæn wæron hærene for ðare dædbote and for þare andetnysse mid bireowsunge, þe ðe món
20 dón sceál, þe Godes laȝe tobræcð; 7 he sceal mid stiðnysse his synne ȝebeten. Nú forȝeaf þe kyng, swa swa ðis gódspel cwæð ǽr, alne þone mycele ȝylt mildelice þám þeȝene, ðeah þe hé wurðe nære; ac he nolde forȝifæn his aȝenum iferæn ðæt ðæt he him sceolde mycele
24 læsse ȝesceat þonne him sylfum wæs forȝifen. He nolde ȝetyðian ðæt ðæt him wæs ityðod, 7 he wearð þa bitæht to tintreȝienne þam stiðum witnerum, þe hine witniæn sceolden oððet he forȝylde alne þone scéat. Nú sæȝð us þis godspel þæt þe Hælend þa sæde,
28 ' All swá deþ to soðan min heofenlice Fæder eów, ȝif ȝe ne forȝifæð eowrum ȝebroðren, ælc án of his heortæn, ðæt þ he agylte wið hine.' Johannes þe apostol, ðe wæs eác godspællere, awrat on his pistole ðissum wordum cwæðende, *Si dixerimus quia peccatum non*
32 *habemus ipsi nos seducimus & ueritas in nobis non est &* cetera.
' Gif we sylfe sæcgæð þæt we synnan næbbæð, we bipæceð us sylfum

2 Ða ða] *the second* a *altered from* e.   19 dædbote] dæþbote *MS.*
23 iferæn] iferum *MS.*   29 heortæn] heortū *MS.*
29 hine] h *altered from* þ.   32 ueritas] ueritaˢ *MS.*

not be forgiven. Because all sins shall be forgiven in the baptism, from which Luke reckoned the genealogy upward. The Saviour, then, would be born here into this world in the seventy-seventh generation, and he afterwards commanded Peter that he should even so often grant forgiveness, to show that all sins shall be always forgiven according to the same number. And there is yet a second meaning even as deep as this. God's law was ordained by him himself, written on two stone tablets in ten legal clauses— called Decalogus in Latin— which he entrusted to Moses on the Mount of Sinai as a guidance for his people and also later for us all. Now the number ten is present in ten thousand (so many thousand pounds did the servant owe the king); and a hundred pence are ten times ten (so much did the man owe the servant)—with the same number—according to the ten commandments which God himself established for the direction of his people. In the number ten is God's ordinance completed; and in the eleventh number lies the transgression when men disobey God's (ordinance) through waywardness and sin against his commands. Accordingly, in God's tabernacle, which Moses erected in the desert, there were appointed the eleven curtains in all among the other curtains. The eleven were of (goat's) hair on account of the penance and confession with sorrow, which a man shall perform who breaks God's command,—and he shall do penance for his sin with severity. Now the king, as this Gospel said before, forgave all the great debt graciously to the servant although he was not worthy; but he would not forgive his own friend what he owed him (although he owed him) a much smaller sum than had been forgiven to himself. He would not grant what had been granted to him, and he was therefore given over for tortures to the cruel tormentors, who should torture him until he repaid all the sum. Now this gospel tells us that the Saviour then said, 'Even so shall my heavenly Father truly do to you, if ye do not—every one of you from his heart—forgive your brother for what he may do against you.' John the apostle, who was also an evangelist, wrote in his epistle these words, saying—*Si dixerimus quia peccatum non habemus, ipsi nos seducimus et veritas in nobis non est, et cetera.* 'If we ourselves say that we have no sin we deceive ourselves,

7 soðfestnysse ne bið on us. Gif we ðonne andetteð ure synnæn
ʒeornlice, God bið us itréowe, 7 eác swiðe rihtwis, 7 forʒyfæð us úre
synnæn þurh his soðæ lufe, and eác [fol. 11 b] ús afeormæð fram
4 unrihtwisnesse.' We sceolon forʒyfæn ðam ðe wið us agyltæð, swá
swá ðe Hælend sǽde, be ðam ðe ʒe sylfe hérdon, of inneweardre
heortæ þæt he us mildsiʒe. Ac ne cwæð þu ná mid wordum þæt
þu wylle mildsiæn, 7 ælciʒe swaðeah wiðinnæn ðinre heortan; for
8 þan ðe God isihð þin inʒehýd swytellice, þeah ðe men nyten hwæt
ðu on mode bihydest. God cwæð eft nu to þe, 'Ic forʒife nú ærest
þe; forʒif þu hure syððan; 7 ʒif ðu swá ne dest on eornost, ic wulle
habban eft æt þé þæt þæt ic ðe ær forʒeaf;' ðis is to understandenne
12 mid inneweardre héortan. Ac Aúgustinus ús sæʒð ðæt món
steoræn sceal his aʒene childum mid æʒe 7 mid lufe, hwilon mid
wordum, hwilon mid swingelum,—ʒif he ælles ne mæʒ heoræ dysiʒ
alecgæn. Ðæt bið yfel ʒeðyld þæt ðu iðafiʒe þinum bearne þæt he
16 on fræcednesse fáre mid his dysiʒe, and þu lociʒe on hwylce þe licie;
þenne bið þeo lufe him al to hatungæ awénd, ʒif þu nelt his ʒehǽlpæn
7 him steóræn on ǽr. Ðam stuntum monne mon sceal steoræn
æfre butæn ælcere hatunge, 7 hine rihtlæcen; ða ðe styræn
20 sceolon na to stiðlice swá ðeah, ac swa swa milde fæder—mid mild-
heortnysse æfre, þæt þe mon béo irihtlæht, ná mid ræðnesse
fordon. All swa ðe læce deþ ðe læcnæð þéne món—þe pinæð on ða
wundæ ðæt heo wurðæ ihæled. Forþan ðe ðe món losæð þe liʒeð
24 yfele forwundod, ʒif þe lǽce him áræð 7 nyle mid stiðnesse þa
wunde hælen mid þam ðe his creft tæcæð. Nu beoð sume gultæs,
swa swa us sæcgæð béc, ðe món diʒollice scéal mid ʒescéade bétan,
7 sume openlice þæt oðre beon isteoredæ. Gif ðe gylt beo diʒle,
28 bet þu hine diʒollice, and ne mælde þu nateshwón hine oðrum
monnum; and ʒif openlice aʒulte, bed þu hine openlice. Ðu þe
styran scealt, þæt he seolf beo irihtlæht, 7 oðre beón istyrede, ðe
þa stéor ihyræð. Ðus tæcæð us þæt godspel and þe Godes apostol.
32 Ðe ðe monhatæ bið, ne mæʒ he wæl styræn; forþan ðe þa halʒa
weræs ðe weron iu lareowæs beoð nú iherode ðurh heoræ liðnysse;

5 be ðam ðe³ᵉ sylfe MS.   9 bihydest] b altered from h.
14 heoræ] his MS.   15 þinum bearne] þine bearnū MS.
18 monne] monnū MS.   25 creft] cᵉft MS.

and the truth is not in us; but if we confess our sins earnestly, God will be faithful to us, and also very righteous, and will forgive us our sins through his true love, and he will also cleanse us from unrighteousness.' We must forgive those who sin against us, even as the Saviour said, as you yourselves have heard, from the depths of our heart, that he may have mercy on us. But do not by any means say with words that thou wilt have mercy, and nevertheless delay in thy heart; because God sees thy inner thought clearly, though men do not know what thou dost conceal in mind. God has said to thee again: 'I now forgive thee first; do thou then forgive next; and if thou dost not so in earnest I will have back from thee again that which I forgave thee before;' this is to be understood to mean, with thy inmost heart. And Augustine also says to us that a man shall rule his own children with fear and with love,—sometimes with words, sometimes with blows—if he cannot otherwise suppress their foolishness. It is a wicked indulgence if thou suffer thy child to go into mischief in his folly, and look on whatever things may be pleasing to thee; then will his love be all turned to hate, unless thou wilt help him and repress him beforehand. The foolish man is always to be reproved without any hatred, and corrected; and those who are to reprove (must do so) nevertheless not too harshly, but as a kind father does,—always with mercy: so that the (foolish) one may be rightly amended and not ruined by cruelty. Even so does the physician who is treating a man—he hurts the wound, in order that it may be healed. For the man will die who lies badly wounded, if the physician handles him too gently, and will not treat his wounds with the firmness his knowledge teaches him. Now there are certain sins, as books tell us, which must be corrected discreetly in secret; and some in public so that others may be instructed. If the sin is secret, do thou correct the offender secretly, and do not by any means reveal it to other men; and if he has offended openly, correct him openly. Thou who must reprove (must do so) that the offender himself be set right, and that others be reproved who hear the punishment. Thus the holy Gospel and God's apostle instruct us. He who is a man-hater cannot reprove well; for the holy men who were teachers before are now

ant God sylf is liðe ant mid liðnysse us steoræð; and lufæð mild-
heortnysse ant ða he tæhte us. Beo him á á wurðmynt 7 wuldor
AMEN; AMEN.
(*lower down on the page in another hand* Amen, Omelia gregori pape.)

[V]

4 [Fol. 56 b, l. 28.] *DOMINICA IN* QUADRAGESSIMA

Men þa leofeste, ic cyðe eów þ ðreo þing beoð ærest on fore-
wearde æʒhwilcum mén neodbehefe to habbene. An is ileafæ;
oþer is hiht; þridde is soþ lufe. On þam leafe is þæt he iléfe
8 on God Fæder Ælmihtiʒne, 7 on his Sune, 7 on þene Halʒan Gaste,
7 on ða untodæledlice Þrynnesse, 7 on þa þurhwuniʒendæn An-
nesse. Þonne is þe hiht þ hé wislice hihte ða ecen méde; þone
is þeo soðe lufe, þ he béo [fol. 57] ifylled mid þare godcunden lufe
12 onʒean his nyxtæn—þ is ælc cristene món. For þam ðe we beoð
alle on þam fuluhte Godes bearn ihalʒode, to þam þ we beón gast-
lice ibroðræ on fulfremede soþe lufe æfter Gode; þi wé sculen
symle wúniæn on þare godcundæn lufe 7 ure nextæ, þ hé symle on
16 us þurhwúnie. For þam, swa swá Iohannes cwæð, God is þeo
soþe lufe, 7 þe ðe wunæð ón þare soðan lufe, he wuneð on Gode,
7 God wunæð on him. Broðor min, six þing beoð neodbihefe to
habbene þare halʒan cristenlice eawfestnesse, 7 alre mest on [daʒum]
20 þisses halʒæ læncʒtenfestenes. An is andetnys; oþer is reowsung;
þridde is wǽcce; feorþe is fæsten; fyfte beoð bedu; sixte is
ælmesse. Ðeo andetnes is to donne bi alle þam synnum þe man
éʒhwǽr þurhtihð, oððe on þohte, oððe on spéce, oððe on
24 weórce. Witodlice æhtæ beoð heafodlæhtræs, buton þare sume
ne mæʒ nán món imetodlice beón. Ǽræst is þ forme, ʒyfernes,
þ is þare wombe frǽcnes; oþer is derneliʒere; þridde is
sleacmodnes, 7 únrotnes; feorþe is ʒytsung; fifte is ydel wuldor;
28 sixte is ǽfest; seofoðe yrre; eahtoðe oferhýd, þeo is cwén alre
yfelæ,—þurh þa oferhýd of heofenum areás þeo wundorlice englæ
ʒesceaft. Broðor mine, þone ʒe to rihte andetnysse to eowre
scrifte bicumeð, þonne sceal he eow ʒeornlice acsiæn mid hwylce

2 ða] da *MS*.   4 Quadragessima] Quadragessime *MS*.
9, 10 on þa þurhwuniʒendæn Annesse] on þæt á þurhwuniʒe on annesse *MS*.
14 ibroðræ] ibrodræ *MS*.   19, 20 on [daʒum] þisses] on þinc *MS*.; *see note*.

praised for their gentleness; and God himself is gentle and governs us with gentleness; and he loves pity and has enjoined it to us. To him be ever honour and glory. Amen, Amen.

V

SUNDAY IN LENT

DEAREST men, I tell you that there are three things which it is above all most necessary for every man to have. The first is faith; the second is hope; the third is true charity. Faith consists in a man's believing in God, the Father Almighty, and in his Son, and in the Holy Ghost, and in the indivisible Trinity, and in the ever-abiding Unity. Next, hope is his intelligent expectation of the eternal reward; and then there is true charity which is that he should be filled with divine love towards his neighbour— that is, every Christian man. For we are all at baptism consecrated children of God, that we may be spiritually brethren in perfect true love towards God; wherefore we ought to continue always in the love of God and of our neighbours, that he may ever dwell in us. Because, as John said, God is the true love, and he that dwelleth in the true love dwelleth in God, and God in him. My brother, there are six things necessary to observe in the holy Christian religion, and most of all during this holy lenten fast. The first is confession; the second is repentance; the third is watching; the fourth is fasting; the fifth is prayer; the sixth is almsgiving. Confession is to be made of all the sins which are in any way done, either in thought or in word or in deed. Indeed there are eight deadly sins, and no one can well be without some of them. To begin with, the first is greed, that is the greed of the belly; the second is unchastity; the third is idleness and dejectedness; the fourth is avarice; the fifth is vainglory; the sixth is envy; the seventh is anger; the eighth is presumption, which is the queen of all sins,—through presumption the glorious race of angels fell from heaven. My brethren, when ye come with true confession to your priest, he will carefully inquire of you,

ȝemete oððe mid hwylce intingum þeo sýnn þurhtoȝen wǽre, þe
he ȝeandette ꝥ he ǽr frémode. 7 æfter þare ȝemete þáre dedæ he
sceal þa reowsunge déman. He sceal hine eác swá lǽren, ꝥ he of
4 þam þwyrlice ðance andetnysse dó, 7 he sceal hine maniæn þæt hé
of þam eahtæ heafodlæhtrum andetnysse dó. 7 þe sacerd him
sceal synderlice ælcne heafodlæhtor nemniæn 7 swá of þám his
andetnysse [onfon], to þam ꝥ he habbe rihtre intinge to forȝýfene.
8 Fór þam þe þeo andetnes þe hælæð, 7 þeo andetnysse þe rihtwisæð,
7 þeo andetnys sylð forȝyfenesse þam sýnnum. Æȝhwilc hiht
forȝifenesse stónt on þam andetnysse. Đéo andetnes is mild-
heortnysse wéorc; heó is hǽl ðæs untrúmen, 7 héo is lǽcedom
12 ure mæȝnæ mid reowsunge, forþam þe wé on oðre wisan ne maȝen
beon ihælede buton we úre synnæ andettæn ða þe we þurh-
tuȝon. Be þare synne andetnesse, Sálomon cwæð, ' Þe þe his scylde
bihýd, ne bið he ná iriht; þe þe heom soþlice andet, 7 héom
16 forlét he hæfð mildheordnesse biȝeten.' Broðor mine, æfter þare
andetnesse þeo reowsung is to underfónne. Be þare þe Hælend
on his godspelle cwæð, 'Doþ reowsunge, for þam ðe heofene rice
neahlæcð.' Swa Iohannes ðe fulluhtere cwæð, 'Weorcæð
20 medemæ wæstmæs reowsunge.' Þæt is þe medeme wæstm
reowsunge ꝥ món þa forðwitenæ synnæn biwépæ 7 þa ylcæ eft
ne frémmæ, swá swá ꝥ godcunde writ cwæð, 'Ne éc þu ná synnæ
ofer synnæ.' Ac Drihten þurh Ysaiam þone witegæ cwæð, 'Beoð
24 aðwæȝene, 7 þurhwuniæð clǽne.' Soþlice þe bið aþwoȝen 7
þurhwunæð clǽne, þe ðe [fol. 57 b] ðare forðwitenæ synnæ
bewæpð, 7 he eft þa bewópenæ ne ðurhtihð. Ac þe bið iþweȝen,
ant ne biþ clǽne, þe ðe biwepð þa ðurhtoȝene synne, 7 þonne
28 ȝit ne forlæteþ, ac æfter ðam tearum þa ylcæ þe he biwéop he eft
þurhtihð. Soþlice is to witænne ꝥ ꝥ biþ ðeo soþe reowsung þe
ðurh wisnesse bið idón. Þeo soðe reowsung ne biþ on þare ȝeare
rýne iscryfen, ac on þæs modes biternysse, forþan ðe God ne sæcð
32 ná swa swyðe þare tide lenge, ac he þencð hú mucel þeo lufe béo
þare syferlicnesse on þare heortæn þæs reowsiȝendæn. Witodlice,

---

1 intingum] inti ngum *MS.*, *with an erasure after the second* i.
6 ælcne] æl^cne *MS.*   12 oðre] ðare *MS.*
31 rýne] n *altered from* m.

with what means and for what cause the sin was done, which one confesses he has committed. And according to the measure of what he has done, he shall ordain penitence. He shall also instruct him how to make confession of his evil thoughts, and shall advise him to make confession of the eight deadly sins. And the priest shall mention to him each deadly sin separately by name and so accept his confession, to the end that he may have the better cause to be forgiven. For confession heals thee, and confession amends thee, and confession brings forgiveness of sins. Each hope of forgiveness rests on confession. Confession is an act of humility; it is a salvation for the infirm, and it is a remedy for our strength together with repentance, because we cannot be healed otherwise than by confessing our sins which we have committed. Concerning the confession of sins, Solomon said, 'He who conceals his sins is never made right; and he who confesses them truly and leaves them has obtained mercy.' My brethren, after confession penitence is to be undertaken. Concerning this, the Saviour said in his gospel, 'Make repentance, for the kingdom of heaven is at hand.' So said John the baptist, 'Bring forth fruits worthy of repentance.' The fruit worthy of repentance is that a man should bewail his past sins and not commit the same again; even as holy writ says, 'Do not increase sin after sin.' But also the Lord said by Isaiah the prophet, 'Wash you and continue clean.' Truly he is washed and continues clean who bewails his past sins, and having bewailed them does not commit them again. But he has washed and is not clean who bewails the sins which he has committed, and still does not leave them, but after his tears again does the same things that he has bewailed. It is to be well understood, that the true repentance is that which is done with thought. True penitence is not accomplished in the course of years but in the bitterness of the heart; because God does not look so much for the length of time, but considers how great is the love of purity in the heart of the penitent one. Indeed, if any one, though sinful and wicked, will

þeah hwá synful béo 7 arléæs, ȝif he to reowsunge cyrræn wyle, ne
ortrowiȝe hé hĭm ðæt he ne maȝe him forȝifenesse biȝitæn þurh
Godes mildheordnesse. Soþlice ða ðe on ðissere worulde reowsunge
4 doþ, þam symle Gódes mildheortnesse hælpæð. Þám reowsiȝendum
witodlice is þeo wæcce to bigánne, forþam ðan ðe heo to heofenum
úp ahæfð þǽs reowsiendæn wæstmæs. Forþan us dafenæþ ðæt we
waciæn symle, swá swa Ysayas þe witegæ cwæð, *Media nocte*
8 *surgebam*. 'To middere nihte ic wæs risende to andetnesse ofer þa
dómæs þinre rihtwisnesse.' Be þare wæccen swylce þe Hælend
eác þare monnæ mod awæhte þe from deofles anwealde to alysen
beoð, þus cwæðende, *Beatus ille seruus quem cum uenerit dominus*.
12 'Eadiȝe beoð þa þeowæs þone þe laford forð cymeð, ȝif he heóm
wacende imét. To soþan ic eow sæcge ofer alle his gód he heóm
set.' 7 eft he cwæð, 'Ic lufiȝe þa ðe me lufiȝæþ, 7 þa ðe ær
tó mé wáciæþ héo imetæþ mé; forþy waciæþ on ȝeornesse forþam
16 ðe ȝe nyten hwænne Drihten cumende bið on repsunge, oððe to
middre nihte, oððe on háncrede, oððe on ærne mareȝen; þi lǽs
þonne he cýme ꝥ he slepende eow ne iméte.' 7 nǽs ná ꝥ án ꝥ
hǽ þam apostolum sylfum þas lare béad. Þa weccan, he eft cydde,
20 þus cwæðende, 'Þeah ic eow þa weccan béode, allum ic heóm
beode to witanne.' Nis ꝥ án ꝥ he wordum lærde ða wæccan, ac
eac swylce mid his aȝene bisne he ȝetrymede; swá swá ꝥ godspel
cyþ ꝥ ðe Hælend wære nihterne on bedum wacende. Broðor mine,
24 forþi is allum ȝeleaffule monnum to waciȝenne, forþan þe ðeo
estfulnes þare weccæn is ihiwcyðlicod alle monnum; forþam heo
witen þæs,—ꝥ nis idellic ǽr to arisenne 7 ǽr lihte tó wáciȝenne,—
forþan ðe Drihten behǽt þone heofenlice beah þam waciȝendum.
28 Æfter ðissum weccæn þá festene beoð hihtlice to lufiȝenne. Be
þare lofe, Ysidorus cwæð ꝥ festen is swiðe gód; hit is heofonlic
wéorc, 7 heofene rices dúræ, 7 hiwung þare towearden weorulde.
Þæt festen þe þe hit rihtlice bigæð, he biþ to Gode iþéod, 7 he biþ
32 þissum middanearde afremdod, 7 he bið gastlice ifremed. Þurh

1 he] h *altered from another letter.*
4 doþ] *a stroke across the upper part of* þ.   6 wæstmæs] wæstnıæ⁸ *MS.*
7 cwæð] cþæð *MS.*   10 awæhte] *the* æ *altered from* a.
13 soþan] *the* s *altered from another letter.*   16 repsunge] reowsunge *MS.*
23 nihterne] nihtenre *MS.*   28 lufiȝenne] lufitenne *MS.*
29 lofe] lufe *MS.*

turn to repentance, let him not doubt the possibility of his obtaining for himself forgiveness through God's mercy. Verily God's mercy always helps those who make repentance in this world. Watching is truly to be kept by the penitent, because it raises up to heaven the fruits of the penitent one. Therefore it is necessary for us to be watching always, even as Isaiah the prophet said, *Media nocte surgebam.* 'In the middle of the night I was rising to confession concerning thy righteous commands.' Concerning watching, too, the Saviour also exhorted the hearts of men, who must be freed from the power of the devil, thus saying, *Beatus ille servus quem cum venerit dominus.* ' Blessed are the servants, if the lord, when he cometh forth, find them watching. Verily I say unto you, he shall set them over all his goods.' And again he said, ' I love those who love me, and those who are watching early for me shall find me; therefore watch earnestly because ye do not know when the Lord cometh, in the evening, or at midnight, or at cock-crow, or in the early morning; lest when he come he find you sleeping.' And it was not this once that he gave this command to the apostles themselves. He again proclaimed watchings, thus saying, ' Though I ordain watchings for you, I command all to keep them.' It is not only with words that he taught them to watch, but he even encouraged them by his own example; thus, the gospel states that the Saviour would be keeping watch by night in prayer. Therefore, my brethren, it is necessary for all pious men to watch, since this perseverance in watching has been made familiar to all men; for they know this,—that it is not in vain to arise early and to keep watch before daylight,—because the Lord has promised the heavenly crown to those who keep watch. Next to these watchings fastings are to be commended with gladness. In praise of these, Isidore says that fasting is very excellent; it is a divine work and admits to the kingdom of heaven, and depicts the world to come. As to fasting, he who keeps it rightly is united to God and estranged from this world, and is spiritually benefited.

ðet festen beoð þa læhtræs astræhte 7 þ flæsc bið ieadmet 7 þæs deofles costnung oferswiþ[ed]. Hieronimus cwæð þ ðæt festen clænsæð þone lichame 7 midlæþ þa uncystæ 7 þa godcundæ mæȝnu
4 onȝebringæð. Augustinus cwæð þæt þ festen openæþ þa heofenlice rynu, 7 hit út ascyfð þa yfele þohtæs, 7 þa sawle onlihtæþ. [fol. 58.] Witodlice þa festene beoð stronge iscotu onȝean þæs deofles costnunge. Swiðe raðe heo beoð oferswiðde þurh þa forhæfdnesse.
8 Soþlice is to witenne þ ðæt mycel fremede þ ðet folcc on Niniue þare byriȝ fæste ðry daȝæs; þurh ðet héo earnodon þ heo Godes mildheortnysse biȝeten 7 heoræ forȝifenesse. Israele folc fæsten ær þaræ easterlicæn tide symbelnesse; þurh ðet héo earnoden þá
12 Readan Sǽ mid dryȝum fotum þurhfaran, 7 heoræ feond iseon besencte on ðare ylcæn sǽ. Moyses feste on ðam westene, þurh ðet he earnode iheræn þa heofenlice ȝerynu. Dauid þe kyning æfter ðare ðurhtoȝenæn synnæ feste; þurh ðæt he earnode þa ylca
16 scylde ȝediȝlian, swá he sylf cwæð, 'Ic ȝéeadmette on festene mine sawlæ.' Crist sylf fæste feowertiȝ daȝæ 7 feowertiȝ nihtæ, þurh ðet he ofercóm þone wiðerwinnæn, 7 him sone englæs þenoden. Petrus feste, þurh ðet he earnode þone engel iséon þe
20 hine of carcere alýsde. Johannes þe godspellere feste, þurh ðæt he eárnode þa gódcundan rúno ȝehéræn, swá swá him þe engel bodode. Paulus feste, þurh ðæt he earnode beon ȝéhæled on ðare blindnesse, 7 fulluhtes underfón. Hieronimus cwæð swá longe
24 swá Adam hine forhæfde þ he ðæs applæs ne onbúriȝde he wunode on neorcxnæwonges iféan; sone swa hé ðæs ófetes onbyriȝde, swa wæs he út idrifen. To witenne is witodlice þ þ festen is mid gode weorcum Gode anfencge. For þam þ is ðet fulfremede festen,
28 ðeo mid ælmessen 7 bedum þone heofén þurhfærð, 7 to þæs hyhstæn Godes setle becymð. Æfter þam, broðor mine, beoð þa ȝebedu 7 redincgæ haliȝræ bocæ to biganne, swa swa Ysodorus cwæþ, 'Mid þam bedum ȝe beoð iclénsode, 7 mid þam redinge ȝe
32 beoð itimbrode.' Soþlice is to witenne þæt syngallice ȝebedu mycel fremeð mid Gode, swa swá Paulus þe apostol cwæð, 'Þǽs

7 beoð] o altered from ð.
13 under -sencte is an erasure.   27 anfencge] after an a d has been erased.
31 redinge ȝe] before ȝe a letter has been erased.   32 þæt] þ þæt MS.

Through fasting are sins laid low, and the flesh is humbled and the devil's temptation overcome. Jerome said that fasting cleanses the body and bridles the vices and brings divine virtues as well. Augustine said that fasting reveals the mysteries of heaven and drives forth evil thoughts, and illuminates the soul. Indeed fastings are mighty weapons against the temptations of the devil. Very quickly are these overcome by abstinence. It should indeed be known that their three days' fast was of great benefit to the people in the city of Nineveh: through this they were allowed to obtain God's mercy and their own forgiveness. The people of Israel fasted before the Eastertide festival; therefore they were allowed to pass through the Red Sea with dry feet and to see their enemies drowned in that same sea. Moses fasted in the wilderness, wherefore he was allowed to hear the divine secrets. David the king fasted after the sin which he did; whereby he obtained that the same sin was covered, as he says himself, 'I humbled my soul in fasting.' Christ himself fasted forty days and forty nights, whereby he overcame the adversary, and angels forthwith ministered to him. Peter fasted, wherefore he was allowed to see the angel who released him from prison. John the evangelist fasted, wherefore he was allowed to hear the divine mysteries, as the angel revealed them to him. Paul fasted, whereby he was permitted to be healed of his blindness and to receive baptism. Jerome says that as long as Adam restrained himself from tasting the apple, he dwelt in the happiness of Paradise; (but) as soon as he tasted the fruit he was driven out. It must be well understood that fasting together with good deeds is acceptable to God. For that is the perfect fasting, which together with almsgiving and prayers passes through heaven, and comes to the highest throne of God. Next, my brethren, prayers and the reading of holy books must be undertaken, even as Isidore said, 'With prayers shall ye be cleansed, and with the reading shall ye be edified.' Indeed it is to be understood that continuous prayers accomplish many things with God, as Paul the apostle says, 'The prayer of the righteous man

rihtwisen béd mycel fremeð ǽtfóren Gode.' Witodlice Moyses hine béd, 7 ahwyrfde Godes ýrre fram Israele folce, þa heo to ðam deofelȝylde bédæn 7 God forlǽten. Eác swilce Helias hine béd þ
4 hit ne reiȝnde ofer eorðan, 7 he mid his bedum þone heofen biléac þreo ȝéar 7 six monæþ. 7 eft he bæd þ þeo heofen sealde ræiȝnæs 7 ðeo eorðæ hire wæstmæs. Jonas hine béd on þæs hwæles innoðe, 7 he ðonen alysed wǽs. Daniel hine béd on ðeræ leonæ
8 sceaþe 7 he earnode beon ihæled. Ezechiæs þe kyng hine béd on his untrumnesse, 7 him ehte God fiftene ȝéar to life. Witodlice swa hwá swá wule symle mid Gode béon, he sceal hine ilomlice biddan 7 redan. Forþam þonne we us biddæþ, þonne spece we
12 wið Gode; ant þonne we redæþ, þonne specð God to ús. Ǽt þam ytemestan, broðor mine, hér æfter fyliȝæð þeo mongung be þare ælmessæn lofe. Augustinus cwæð, 'Þeo ælmesse is swiðe haliȝ wéorc. Héo ȝeycð þa andweardan gód; 7 heo sylð synne for-
16 ȝifenesse; 7 heo moniȝfealdæþ ȝearæ fyrstæs; 7 heo liht þæs monnes mód; 7 heo ȝeondbrædaþ þá ȝemǽru; 7 heo alle þing clænsæð; 7 heo alýseð þone món from déaþe 7 from wite; 7 héo ȝeðeodaþ tó þam englum; 7 deoflæ fróm ascyfð; 7 héo is unofer-
20 winnendlic weal ymb þa sawlæ.' Swá swá Ieronimus cwæð, 'Þeo ælmesse ȝeondfæræð [fol. 58 b] þone héofen, 7 heo cnyseð heofene rices durǽ, 7 héo awecð þone engel, onȝéan cumende, 7 heo ciȝæð God to fultume.' Witodlice ðreo cýn beoð ælmessenæ;
24 án is lichamlic, þ is ðæt mon þam wædliȝendan sylle to góde þ he maȝe; oþer is gastlic, þ is þ mon forȝife þam ðe wið hine aȝyltæð; þridde is þ mon þam gyltendan stýre, 7 þa wædliȝendan on rihte bringce; þas ðing us dafenæþ ȝefyllan mid þæs fultume, þe mid
28 Fæder 7 mid Sune 7 mid þam Halȝe Gaste leofæþ 7 rixæð þurh alræ woruldæ woruld, a on écnesse, á búton ende. AMEN

2 ahwyrfde G. ẏ. fram] ahwyrfde fram G. ẏ. *MS.*
13 mongung] *the second* g *altered from* ȝ.
26 wædliȝendan] *so MS., evidently for* dweliȝendan '*erring*', *see note.*
26 stýre] stýrie *MS. with dot of deletion under the* i.

availeth much before God.' Indeed Moses prayed to him and turned God's anger from the people of Israel, after they had prayed to devils and forsaken God. So too, Elias prayed him that there should be no rain on the earth, and through his prayers he shut heaven for three years and six months. And again he prayed that the heavens should give forth rains and the earth her fruits. Jonas, in the whale's belly, prayed to him and he was taken out thence. Daniel, in the lion's den, prayed to him and obtained his salvation. Hezekiah the king prayed to him in his sickness, and God added fifteen years to his life. Indeed whosoever will ever be with God, must constantly pray to him and (also) read. Because when we pray, we speak with God; and when we read, God speaks to us. In conclusion, my brethren, after this comes an exhortation in praise of charity. Augustine said, 'Charity is a very holy work. It increases present benefits; it produces forgiveness of sins; it multiplies the number of years; it illuminates the mind of man; it extends over (all) limits; it purifies all things; it frees man from death and from punishment; it joins him to the angels, and drives devils from him; and it is an impassable wall around the soul.' Even as Jerome said, 'Charity traverses heaven, and knocks at the door of the heavenly kingdom, and coming there wakens the angel and calls on God for help.' Indeed there are three forms of charity; one is bodily, that is one's giving to the needy what possession one can; the second is spiritual, that is that forgiveness of those who should sin against one; the third is reproving the guilty and setting the poor to right. It is necessary for us to do these things with the help of him who, with the Father, and the Son and Holy Ghost liveth and reigneth in the world of all worlds for ever in eternity without end. Amen.

[VI]

[Fol. 58b, l. 7.] *DOMINICA SECUNDA IN QUADRAGESSIMA*

Men þa leoféste, we wyllæð hér spécan feawum wordum be þam ðrym þingun, þe allum monnum beoð neodbehefe to witænne, 7 to habbenne; þ is leafa, 7 hiht, 7 lufe. Riht ileafæ is þ mon ilyfe on Fæder 7 on Sune 7 on Haliȝne Gast,—þ heo ne beo[n] ná ðreo Godæs, ac is án Almihtiȝ God, þe ðe scéop héofenæs, 7 eorðan, 7 sǽ, 7 allæ þa ðing ðe on þam bið. Þe hiht is þ mon hopiȝe to þam ecen life, 7 on þam unaseȝendlice méde þe Drihten hæfð ihaten ælc þare ðe mid gode willæ 7 mid gode dedæ his wille wurcæð hér on worulde. Ðeo lufe is ðonne þridde; þ is þ we béon ifulled mid þare soþan lufe to Góde 7 to ure nextum; we sceolen symle on ðissere lufe wuniæn, for þam ðe Iohannes þe fulluhtere cwæð þæt God wuniȝe on ðam þe ðas lufe hæfð, 7 he on Gode. Mén, nú we iheræð ðæt God on us eardiȝæn wule, 7 we on him, is us swiðe mycel ðearf þæt we us sylfe weorðe dón him to eardungstowe, 7 þæt we on him eardiȝan moten. Þurh ðas six þing sceal ælc cristene món hine sylfne ȝearwiȝan 7 clænsiȝæn, þ he wyrðe beo þ God on him wuniȝe. Þæt is andetnes, 7 dædbot, 7 haliȝe weccæn, ant festene, 7 ȝebedu, 7 ælmesse dedæ. Ðéo andetnes is to donne be allum þam synnum þe ðurhtoȝene beoð, oððe on þance, oððe on spæce, oððe on dæde. God wilnæð andetnesse, for ðam þe he wyle ure gultes forȝifæn. Ðeo andetnes us deþ, æȝðer ȝe héo us hæleð, ȝe héo ús rihtwisæð; 7 éac héo sylþ ús ure sunne forȝifenesse. Al þære forȝyfenesse tó[h]ópæ is ón þare andetnessæ; for þiȝ we ne maȝon ná hale wurðan on ðam toweardan life, buton þurh andetnesse. Be þam cwæð Salomon, 'Ðe þe bihýd his synnæ 7 heóm nele andétten, ne wurð he nefre ofer eorðan iriht; ac þe ðe his synnæn andette 7 heóm forlét, he biȝyt Godes mildheortnesse 7 forȝifenesse.' Æfter þare andetnesse mon sceal underfon dædbote. Be þære cwæð þe Hælend on his godspelle, *Penitentiam agite, adpropinquabit enim regnum celorum;* þ is on ure ðeodum, 'Doþ dædbote, forþam ðe heofene rice neahlæcð.' And Iohannes þe

---

3 þingun *is written over* ðrym þe *by another hand*.
6 *After* ac *a letter* (h?) *has been erased*.
28 andette] *the first* t *altered from another letter*.
32 dædbote] dæþbote *MS*.

VI

THE SECOND SUNDAY IN LENT

DEAREST men, we wish at this time to say a few words concerning the three things which all men should know of and possess, namely, faith, hope, and charity. True faith consists in one's believing in the Father, and in the Son, and in the Holy Ghost,—that they are not three Gods, but that it is one Almighty God, who created the heavens, and the earth, and the sea, and all things that are in them. Hope consists in looking forward to the eternal life, and to the unspeakable rewards which the Lord has promised to each of those who with good will and with good deeds perform his will here in the world. Charity, then, is third; this is, that we should be filled with true love towards God, and towards our neighbours; (and) we must ever continue in this love, because John the Baptist said that God dwelleth in him who has this love, and he in God.

Men, now that we hear that God will dwell in us, and we in him, there is for us very great necessity that we should make ourselves worthy to be a dwelling place for him, and that we may be able to dwell in him. Through these six things shall every Christian man prepare and cleanse himself, that he be worthy of God's dwelling in him. These are confession, repentance, holy watchings, fastings, prayers, and acts of charity. Confession is to be made for all sins which have been committed, either in thought, or in word, or in deed. God desires confession, because he wishes to forgive our sins. Confession does both save and justify us; and it also yields us forgiveness of our sins. All expectation of forgiveness lies in confession; because we cannot become saved in the future life except through confession. Concerning this Solomon said, 'He who conceals his sins and will not confess them shall never be justified upon earth; but he who has confessed his sins and put them away obtains God's mercy and forgiveness.' After confession you must undertake repentance. Concerning this the Saviour said in his gospel, '*Penitentiam agite, adpropinquabit enim regnum caelorum*;' that is, in our tongue, 'Repent, for the Kingdom of Heaven is at hand.' And John the Evangelist said, 'Bring forth fruits such as are

godspellere cwæð, 'Doþ swylce westmæs swylce beon dædbote wurðe.' He deþ ðonne þa wæstmæs þe beoð dædbote wurðe, ðe þa idónæn ȝyltæs bewæpæð, ant heom eft ne ȝeætlæcæð. Swá hit on oðre stówe be þam icwæden is, *Ne adicias* [fol. 59] *peccatum super peccatum*; þæt is, 'Ne ecæ þu þa synne ofer synne.' For þam þe mon þe ða sýnne edlæcð þe he ǽr bette 7 ȝeswikennesse behaten hæfde, is æfter bocenæ saȝum ilice ȝeþeáwod þam hunde þe ǽt þæt hé ær speáw. Ure Drihten cwæð eft þurh Ysayam þone witeȝæ—*Lauamini & mundi estote*. 'Aþweað eów 7 beoð clǽne.' þe món hine aðweah[ð] ant bið clǽne, þe ða forðawitene ȝyltæs bewepæð 7 mid tearum aðweah[ð], 7 eft ne ædlæchð þ̄ he ær bewéop; 7 þe mon hine ðweah[ð] 7 ne bið na clǽne, þe ðe bewepæð þa gultæs þé hé ǽr dyde, 7 na þe raðor ne forlætæð, ac æfter þam tearum þa ylcen synnæn edlæcð þe he ǽr biweóp. Eornostlice is to witenne þet þæt is soð dædbot þe mon mid mycele stiðnesse déþ, 7 næfre æft þæt unriht ne þurhtyhð þe he ǽr lufode. Nis ná þeo dædbote be þare ȝeáre itæle idémed, ac bi þare biternesse þæs modes. Forþam ðe God ne sceawæð þa loncsumnesse þare tide, ac he ȝesmeað þa wilnunge 7 þa ȝeornfulnesse þæs modes. Þeah ðe þenne hwylc mon beó swiðe synful, 7 arleas, 7 unrihtwis, ne sceal he him tweoniȝæn þæt he ne maȝe Godes mildheortnesse biȝitæn, ȝif he wyle to dædbote cýrræn. Forþan ðe Godes mildheortnes helpð ælcne þáre þe on þisse life wyle dædbote dón. 7 þa ðe hér on life forhoȝiæð oððe forscamiæð þ̄ héo nellæþ reowsunge dón 7 heoræ gyltæs bewépan, witodlice héo sceolon reowsiæn 7 wepæn on helle wite, þer héo ne maȝen nane mildheortnesse ȝeearniæn. Be þare stowe þe Hælend cwæð on þam godspelle,—*Ibi erit fletus* 7 *stridor dentium*,—Þer biþ eaȝene wóp 7 toðane grisbatung. 7 þer nán oðer þinc ne biþ iseȝen, buton edwit 7 onrop; 7 þer ne bið nan oðer þing ihyrd, buten brune, 7 chile, 7 þurst, 7 húngor, 7 alle earmþe swa fela swá nan mon oðrum secgan ne mæȝ, þe deofle

---

7 *After* hæfde *is a sign to indicate that* 7 *hit is to be supplied from the margin with an erasure under the* t.

7 hunde] hundum *MS*.   9 Aþweað] Aþweah *MS*.
10 forðawitene] forȝwitene *MS*.   18 loncsumnesse] lon^csumnesse *MS*.
29 onrop] unrot *MS*.   31 secgan] s *altered from* f.
31 deofle] deoflen *MS*.

worthy of repentance.' He, then, brings forth fruits that are worthy of repentance who bewails the sins which he has done and does not repeat them again. So it is said in another place concerning this—*Ne adiicias peccatum super peccatum*; that is,— 'Do not increase sin upon sin.' For he who repeats the sin which he has previously atoned for and vowed abstinence from, is according to the testimony of books like in habit to the dog who ate up what he had vomited before. Our Lord said again by Isaiah the prophet—*Lavamini et mundi estote*,—' Wash you and be clean.' He washes himself and is clean who bewails and washes with tears his past sins, and does not repeat later what he previously wept over; and he washes himself and is not clean who bewails the sins which he did before, and does not forsake them any the sooner, but after his tears repeats the same sins which he wept over before. It is, indeed, to be understood that true repentance is that which one practises with great constancy, never again doing the wickedness that one formerly delighted in. And repentance is by no means estimated by the number of years, but by the contrition of the heart. Because God does not look at the length of the time, but considers the desire and fervour of the heart. Any man, then, although he is very sinful, and wicked, and unrighteous, shall not doubt the possibility of his obtaining God's mercy, if he will turn to repentance. For God's mercy helps each of those who will repent in this life. And those who in this life here despise or are ashamed, so that they are unwilling to repent and bewail their sins, shall indeed repent and bewail in the torment of hell, where they cannot find any mercy. Concerning this place the Saviour said in the Gospel,—*Ibi erit fletus et stridor dentium*,—' There will be weeping of eyes and gnashing of teeth.' And there shall nothing else be seen except reproach and abuse; and there shall be nothing else heard of, except burning, and cold, and thirst, and hunger, and all kinds of afflictions such as no man can describe to another, which are prepared for the devil

iȝearowedan beoð 7 his iferen—ꝥ beoð þa ðe [his larum] hér on
life fuliæð 7 him to ælcum unrihte ȝelæstæþ. Mén, us is swiðe
mycel to warniȝenne wið þone ormeten broȝan þare unȝeendedlicræ
4 hellewitæ; 7 we sculon mid mucele dædbote wið ure Drihten þingiæn
ꝥ we móten þa wite forbuȝon 7 to þam ece life bicumen. Nu þencð
moniȝ món on his móde, þenne he þis iheræð, 'Hwi sceal ic dón
mycele dædbote? Ic nabbe nænne healicne gylt idón.' Ac ne cwæðe
8 nán món þæt, forþan þe nán món ne biþ swiðor biswicon þenne þe
ðe hine sylfne selostne tællæð; 7 eác we witan þæt we ȝyltæs
wúrcæð dæȝhwamlice, ná ðæt án mid ydele dedum, 7 eác mid ydele
spéce. Þonne þe Hælend be þam cwæð on þam godspelle,—*Omne*
12 *ociosum uerbum quod locuti fuerint homines, reddent rationem de eo*
in die iudicii; þæt is on ure þeode—Bi ælc ydele worde þe men
specæð, héo sculen ȝylden ȝescéad on domes dæȝe. Mid þare
dædbote mon scéal lufian haliȝe wéccæn; forþan þe ða wæstmæs ðe
16 of þare weccæn [fol. 59 b] cumæð ahebbæð to heofenæn riche
ðene þe heóm lufiæð. Is eác monnum to witenne ꝥ ðæs monnes
wæcce þe wacæð for his oferfulle, ant for oferdrynce, 7 for unrihte
ðance, ant fór unnytte spéce, ant eác for moniȝe oðrum unnyttum
20 wordum, 7 weorcum, nis to náne wæcce itéald; ac héo is iteald
to deofles wéorce. For þam ðe ðe deofol ne slæpæð næfre, ac á hé
bið waciȝende 7 syrwiȝende hú hé moncún maȝe biswiken; swá
swá þe apostol be þam cwæð, *Circuit querens quem deuor*et. He
24 cwæð ꝥ he béo á farende 7 sæcende hwyl[c]ne he forswoleȝen maȝe.
Ac us ȝedafenæð þæt we waciæn, swa swá þe witegæ cwæð.—
Media nocte surgebam ad confitendum tibi super iudicia iusticie tue;
þæt is, on ure ȝeþéoden—Drihten ic wæs arisende to middere nihte
28 to andettene ðe bi þine rihtwisnesse dóm. Þonun mynegæð þe
Hælend on ðam godspelle his leorningcnihtæs to waciȝenne, 7 þus
cwæð, *Beati serui illi quos cum uenerit* dominus *inuenerit uigilántes.*
He cwæþ, 'Eadiȝe beoð þa ðeowæs þe heoræ Drihten heom waciȝende
32 imét, þenne he cymæð; for þam þe hé heóm sét ofer alle his gode,'

2 *After* fuliæð *is an erasure.*   2 ȝelæstæþ] ȝelædæþ *MS.*
9 witan] *the* t *altered from* ð.   13 worde] wordum *MS.*
21 *Before* á *an* h *has been erased.*
28 Þonun mynegæð] Þonun us mynegæð *MS.*   31 ðeowæs] deowæs *MS.*

and his companions—who are those who follow his teachings in this life here, and help him in every kind of sin. Men, we must take very great precautions against the exceeding dangers of the infinite hell-torments; and with much repentance must we entreat our Lord that we may avoid the torment and come to the eternal life. Now, many a man will think in his heart when he hears this, 'Why should I make a great repentance? I have done no grievous sin.' But let no man say this, because no one is more deceived than he who considers himself the best; and we know, too, that we commit sins every day, not only through idle deeds, but also through idle words. For, the Saviour spoke about this in the Gospel.—*Omne otiosum verbum quod locuti fuerint homines, reddent rationem de eo in die iudicii*; that is, in our tongue—'For every idle word which men shall speak they shall give an account on the day of judgement.' Together with repentance a man shall delight in holy watchings; because the results coming from watching exalt to the kingdom of heaven him who delights in them. Now it is also for men to understand that the watching of the man, who watches because of his excess in eating and drinking, and for evil thought, and for useless speech, and also for many other useless words and deeds, is not accounted as any watching; but is reckoned as a work of the devil. For the devil never sleeps, but is always watching and plotting how he can deceive mankind; even as the apostle said concerning him,—*Circuit quaerens quem devoret.* He said that he is ever journeying and seeking whom he may devour. But it is necessary for us to keep watch, as the prophet said—*Media nocte surgebam ad confitendum tibi super iudicia iustitiae*;—that is, in our language, Lord, I was arising at midnight to confess to thee concerning the decree of thy righteousness. So the Saviour in the Gospel reminds his disciples to watch, and thus says, *Beati servi illi quos cum venerit dominus invenerit vigilantes.* He said, 'Blessed are those servants whom their Lord findeth watching when he cometh; for he shall set them over all his goods,' that is, over all the joys of paradise.

þæt is ofer alle neorcxnæwonges murhðe. And cwæð æft on oðrum stówum, *Vigilate ergo, quia nescitis in qua hora dominus uester uenturus sit*;—þæt is on ure ʒeþeodum. 'Waciʒæð; forþam þe ʒe
4 nyten on hwylcere tide eower Drihten cymeð; hwæðer he cyme on efen, oððe on middere nihte, oððe tó hancrede, oððe on dæʒræde; þyʒ læs ðe hé eów slæpende finde, þenne he cymæð.' Þenne is us mid þisse wæccan swiþe to smeaʒenne 7 to leorniʒenne embe úre
8 Drihtines bódu 7 ilomlice to biddenne; forþam þe sanctus Paulus cwæð þæt þ singale ibǽd mycel fremode mid Gode. Swa hwylc món swá wyle symle mid Gode wuniæn, he sceal ilomlice hine tó Gode biddan, 7 ilomlice Godes ǽ smeaʒen. 7 þe þe réden cunne, þe
12 ræde; þe þe nán ne cunne he lýste þam redendan. Hwæt! we iheræð þet þa unrihtwisæn ʒitseræs and reaferæs ʒeond weorulde smealice acsiæð, ant eácc heoræ scéattæs syllæð, [wið þan ðe him man cyðe] hwanon heo maʒon þa teoriʒendlican gold[hord] ʒeeacniæn. 7
16 þonne héo hit mest igæderot habbæð, þonne sceolen heo þurh sum unʒelimp þisses lifes æll hit forlǽten; 7 héo his of þisse life nan þing máre mid héom ne lædæð, buton ða synnæ, 7 ða ecæ nyþeruncgæ heom sylfum. Þonne is swiðe mycel ðearf þæt wé ilomlice smeaʒen 7 leor-
20 niæn hú we maʒen úre Drihtines bodum rihtest héaldæn, 7 us to him sælost biddan, for þam ðe we maʒon þurh ðæt us gæderiʒen ðonne unateoriʒendlice goldhórd, 7 þa écan blisse mid Gode 7 mid alle his halʒum. Mén, wé scúlon éac mid oðre gódum dédum swiðe
24 ʒeorne fæsten lufiʒen, 7 húreþingæ on þas halʒæn tid; forþam þe hit adiʒlæð þa unðeawæs, 7 hit oferswýþ alle deofles [fol. 60] costungæ. Swa Hieronimus be þam cwæð, þæt ðæt fæsten aclænsiʒe þæs monnes heortan 7 þone lichame; 7 hit amydlæþ ða lahtræs, 7
28 hit awæcð þa halʒan mǽʒnu. Augustinus cwæð þ þa halʒan festen beoð swyþe stronge flán onʒean deofles costungæ, 7 heom mon swiðe raþe ofercymæð mid þare forhæfdnesse. Þæt is to witænne, þæt ða festénu mid oðre godum dedum beoð swiðe anfencge; 7 þæt
32 fulfremede fæsten þe idón biþ mid ælmesdedum 7 mid ʒebedum færæð to heofenum, 7 hit bicymæð to Godes þrymsetle. Æræst héo

---

4 hwæðer] hwæder *MS., after which an* e *has been erased.*
16 unʒelimp] unʒelimpes *MS.*
18–19 buton ... sylfum] buton heom sylfum 7 synnæ, 7 ða ecæ nyþeruncgæ *MS.*
27 amydlæþ] amyldæþ *MS.*

And again he said in other places, *Vigilate ergo, quia nescitis in qua hora dominus vester venturus sit*;—that is, in our language—'Watch; for ye know not at what hour your Lord cometh; whether he cometh at even, or at midnight, or at cock-crow, or at dawn; lest he find you sleeping, when he cometh.' It is for us, then, to ponder much over this watching, and to meditate about our Lord's commandments, and to pray often; for St. Paul says that continual prayer has been of much avail before God. Whosoever will dwell for ever with God must often make his prayer to God, and often meditate on God's commandments. And he who can should read; and he who cannot should listen to him who reads. Lo! we hear of unrighteous misers and plunderers all over the world carefully inquiring and also giving their wealth, (to be taught) whence they can increase their perishable treasure. And when they have collected it in the greatest quantity, they must through some mischance in this life leave it all; and they shall take nothing more of it from this life,—only their sins, and eternal condemnation for themselves. Then is it for us a very great need that we should frequently think and study how we can keep our Lord's commands most righteously, and best make our prayers to him, in order that we may thereby acquire for ourselves the imperishable gold-hoard and eternal bliss with God and with all his saints. Men, we must besides other good works very zealously take pleasure in fasting, and especially at this holy time; because it destroys evil habits and overcomes all temptations of the devil. As Jerome said of it, 'Fasting cleanses the heart and body of man; and it bridles his vices, and rouses his holy virtues.' Augustine said that holy fastings are very mighty weapons against the temptations of the devil, which can be overcome very soon by abstinence. That is to say, fastings are very acceptable together with other good works; and perfect fasting which is kept with acts of charity and with prayers goes to heaven and comes to the throne of God. First, it increases present

ycð ða andweardan gód ; 7 heo ȝeȝearuwæð þare synne forȝifenesse ;
7 heo ȝemoniȝfealdaþ þæs monnes ȝear ; 7 heo ȝeweliȝæþ ðæs
monnes mód ; 7 héo tobræd his ȝemæru ; 7 heo clænsæþ alle his
4 gyltæs ; 7 heo alysæð hine from deaþe, 7 from ece wite ; 7 heo
ascyræð hine from deoflæn, 7 heo þúd hine to engle werode. Þeo
ælmes is ðreoræ cynne ; án is lichamlic—þ mon þam þearfum sylle
þæt to gode maȝe ; 7 þa twá beoð gastlice. Oþer is þ mon forȝife
8 þam ðe wið him aȝyltæð. Oþer þ mon þone unwisæn 7 þone
dwelliȝendan þreaȝe 7 hine to rihte wæȝe cyrre. Gif we þenne ðas
six mæȝnu healdæþ 7 heom ȝeornlice lufiȝæþ, þone wunæþ God mid
us, 7 we mid him,—ná þ án on þisse andwearde life, ac eác on þam
12 toweardæn. Þær ne bið nan wiðerwinnæ, ne nán drefednesse, ne nán
unrotnes ; ac þær habbæð alle haliȝe fulfremede lufe 7 fulfremedne
wille mid Fæder, 7 mid Sunu, 7 mid ðam Halȝum Gaste ; á on
alræ woruldæ woruld á buton ende. AMEN.

[VII]
16 *SECUNDUM IOHANNEM*
[Fol. 107 b, l. 9.] **Preteriens Iesus uidit hominem cecum
a natiuitate & Reliqua**

VRe drihten, ðe mildheortæ Hǽlend, þá þá hé mid monnum wǽs
20 lichomlice wuniȝende,—ant hé ȝeond land fǽrde fela wundræ
wyrcende for ðæs folces ileafan,—þá ofséah hé sumne món ðe wǽs
blind ácenned. Þá befrynnon his apostoli hine 7 cwædon. ' For
hwǽs synnæ wæs ðæs mon swá blind acenned—hwæðer þe for his
24 áȝene, oððe for his maȝæ ? ' Đá cwæð ðe Hǽlend heom sonæ to
andswáre, ' Nǽs hé blind acenned for his áȝene synnum, oððe for
his maȝa, ac ðæt Godes wyndræ wyrdon on him iswytelode. Me
idafenæð to wyrcenne his weorc þe me sende þá hwile ðe dæȝ bið ;
28 forðan þe ðeo deorce niht cymæð, þonne nan mon ne mæȝ náht to
gode dón. Ic am middaneardes liht, þá hwile ðe ic on middan-
earde ǽm.' Mid þam ðe hé ðis ȝecwæð, þá spætte hé on þá
eorðan, 7 makede of ðam spattle 7 of ðare eorðe lám ; 7 smirede
32 mid þam láme ofer þæs blindan eáȝen, 7 hét hine ða gan to ane
wæterscipe þe wæs ðær onhende, þé hátte Syloe, þ is icwǽden,

2 ȝeweliȝæþ] *the second* ȝ *altered from* t.   11 ac] 7 MS.
13 unrotnes] *letter erased after* t.   21 ofséah] *the* s *altered from* f.

benefits; and it prepares forgiveness of sin; and it multiplies the years of man; and it enriches the heart of man, and extends its confines; and it cleanses all his sins; and it frees him from death and from eternal punishment; and it frees him from devils and unites him to the host of angels. Charity is of three kinds; one is bodily—when one gives the poor what can do good; and two are spiritual. One is forgiving those who sin against you. The other is reproving the ignorant and foolish man and turning him to the right path. If then we possess these six virtues and cherish them greatly, God dwells with us and we with him,—not only in this present life but also in the life to come. There is no enemy and no oppression and no sadness; but there all the holy ones have complete love and complete happiness together with the Father and with the Son and with the Holy Ghost; for ever and ever, world without end. Amen.

VII

SECUNDUM IOHANNEM

Praeteriens Iesus vidit hominem cecum a nativitate, &c. (John ix. 1)

OUR Lord, the gentle Saviour, when he was dwelling in the flesh among men and journeying through the land doing many miracles for the faith of the people, saw a certain man who had been born blind. His apostles then asked him, saying, 'For whose sins was this man thus born blind,—for his own, or for those of his parents?' Then said the Saviour to them at once in answer, 'He was not born blind for his own, or for his parents' sins, but that the wonders of God should be made manifest in him. I must do the work of him who sent me, the while that it is day; because the dark night cometh when no man can do anything of avail. I am the Light of the world, as long as I am in the world.' When that he had said this, he spat on the ground, and made clay from the spittle and earth; and he spread the clay upon the eyes of the blind man, and bade him go to a pool that was there at hand

Asénd. He eóde þá sonæ 7 his eaȝan aþwoh, 7 com aȝean lokinde.
Ðá cwædon his neahȝeburæs, 'La! hú næs þǽs þe blinde món þe
swá ibóren wǽs, þe wé iseáȝen sittæn simle wædliende?' Sume
4 men þa sædon þ hit ðe ylcæ wére, 7 sume sædon þ hit wære sum
oðer him ilic; ac hé him seolf sæde þ he were ðe ylcæ. Héo þá
axoden him, 'Húmetæ isixst þú nú?' Hé héom andswyrde 7
cwæð, 'Ðe þe is ihaten Hælend þé wrohte lám of eorðan, 7 mine
8 eaȝen smirode; 7 hét me syððan gán, 7 me sylfne aðwean on ðam
eornende wætere þe is ihaten Sylóe. Ic éode 7 weosc me; 7 ic
sonæ iseah.' Héo axodon him ða, '7 hwær is hé nú?' Hé cwæð
þ he núste; 7 héo læddon hine sonæ to þam synderhalȝan, for þam
12 sellice wundræ. 7 þe mon wæs ihæled on þam halȝan ræstendæȝe.
Þá axodon þá synderhalȝan eft hú hé iséȝe. He cwæð ða to þam
unleaffullum, 'Mid lame he me smirode ofer mine éahringæs, 7 ic
weósc me 7 iseah.' Þá sædon sona sume þa synderhalȝan, 'Nis þes
16 mon ná from Gode, þe þone ræstændæȝ ne healt.' Heóm andswyrdan
þá oðre, 'Hú mæȝ æniȝ synful man þas tacnæ wyrcæn?' 7 þá wearð
þær flit betwyx þam synderhalȝan. 7 héo syððan axodon eft þone
ihælede mon hwǽt hé be þam Hælende sæde. He cwæð þ hé wére
20 sum haliȝ witega. Þá nólden þa Iudeiscen ilyfan be þam men þ he
wére blind acénned, [fol. 108] ant wyrde ihǽled, ac clypodon þá
his mǽȝes 7 cwædon heom ðus tó, 'Þes mon is eower sunæ, þe þe
ȝe secgæð þ wære soðlice blind accenned; 7 hú isihð he nú lá?'
24 His maȝas sædon þa, 'We witan soðlice þ hé úre sunu is, 7 þ he
wæs blind acenned; ac we nyten swa þeah hú hé isihð nú, ne hwá
his éaȝen ȝeopenede. Axiæð him sylfne; hé hæfð þa yldæ þ he
andswyriæn mæȝ.' Þis sædon þa maȝas for þan ðe héo heom
28 ásæton þ héo wyrden iutláȝede of ðare ȝesamnúnge. For þam ðe
þá Iudeiscæn ón heoræ dearne þéohte hæfdon icwæden, þ swá hwá
swá Crist andette wyrde iutlaȝod of heoræ ȝésamnúnge. Þa forle-
ton héo þa maȝas, 7 to þam men cwædon, 'Dó wulder Gode; we
32 witan ful ȝeare þ ðes mon is synful.' Hé sæde héom to andswyre,
'Nat ic ȝif he synful is; ac ic wát swá þeah þ ic blind wǽs 7 ic

15 Over weósc is written aþwoh in the same hand.
16 ræstæn MS., with s altered from another letter.
33 Nat ic] ic̄, MS.

called Siloam, that is, Sent. He went, then, forthwith and washed his eyes, and came again seeing. Then said his neighbours, 'Lo, was not this, then, the blind man, who was born thus,—whom we have seen always sitting begging?' Some then said it was the same; and others said that it was some other like him; but he himself said that he was the same. Then they asked him, 'How dost thou now see?' He answered them and said, 'He who is called the Saviour made clay from the earth and anointed my eyes, and bade me then go and wash myself in the running water which is called Siloam. I went and washed myself; and at once I saw.' Then they asked him, 'Where is he now?' He said that he did not know; and they at once led him to the Pharisees, because of the strange wonder. And the man was healed on the holy Sabbath day. Then the Pharisees asked him again, how he could see. He said then to the unbelieving ones, 'He spread clay over my eyelids, and I washed myself, and saw.' Then said some of the Pharisees at once, 'This man is surely not from God, who does not keep the Sabbath day.' The others answered them, 'How can any sinful man do these miracles?' And there was a dispute amongst the Pharisees. And they afterwards asked the healed man again, what he said of the Saviour. He said that he was some holy prophet. Then the Jews would not believe it of the man,—that he was born blind and had been healed,— but they called his parents and thus said to them, 'This man is your son, who, ye say, was truly born blind; and how then does he now see?' His parents then said, 'We know indeed that he is our son, and that he was born blind; but nevertheless we do not know how he now sees, nor who has opened his eyes. Ask him himself; he is of the age that he can answer.' His parents said this because they feared that they would be outlawed from the congregation. For the Jews had said in their secret council, that whosoever should confess Christ should be outlawed from their congregation. Then they left the parents, and said to the man, 'Give glory to God; we know full well that this man is sinful.' He said to them in answer, 'I do not know if he is sinful; but I know nevertheless that I was blind and that certainly I now see.'

wislice nú iséo.' Héo axodon hine ða ȝyt, 'Ant hú ihælde he ðe?
Dá cwæð ðe ihælede mon héom to andswáre þus, 'Hwenc ær ic
eow sǽde; hwæt sceal hit eow eft iheræd! La! wylle ȝe beon his
4 leorningcnihtæs?' Héo wariȝedon þa wodlice hine 7 cwǽdon,
'Béo þú his leorningcniht; we habbæð úre lareow Moysen þone
heretóȝæ, 7 we his leorningcnihtæs beoð. We witen þ Moyses
spæc to þcne Almihtiȝa Gode, ac we ne cunnon þisne mon ne
8 hwanon hé icumen is.' Dá andswarede þe ihælede món þám
heardhéortan 7 cwæð, 'On ðam is mucel wunder, ðæt ȝe nyten
hwanon hé béo, 7 mihte ȝeopeniæn swá þeah mine eaȝen. Soðlice we
witan þ ðe soðfestæ God þa synfullen ne ȝehyrð to swylcere béne;
12 ac ðe þé his beȝenga bið 7 his willæn wyrcæð þonne wille ihyran
þe heofenlicæ Wældend. Fram þissere weorulde anȝinne ne wearð
næffre ihyred þ æniȝ mán mihte þone mon ȝehælen 7 his eaȝen
iopeniæn ðe ær wæs blind acenned. Buton hé fram Góde wére, ne
16 mihte hé þis dón.' Þá andswaredon þá Iudei him þus huxlice 7
cwædon, 'Þu éart ærming al ácenned on synum 7 þu lærst us
ðus?' 7 héo belucon hine þa wiðúton. Dá ihyrde ðe Hǽlend þ
héo hine ut adræfdon, 7 he hine þá imette, 7 him þus to cwæð,
20 'Dú ilyfest on Godes Súnu?' And he mid ileafan him andswyrde,
'Laford la, hwylc is hé þ ic ilyfe on hine?' De Hælend him
andswyrde, '7 þú hine ær isæȝe, 7 hé is ðe ylca ðe þé to spæcð.'
Hé cwæð þá mid ȝeleafan, 'Ic ilyfe, Drihten'; 7 he hine ða
24 astræhte to þæs Hælendes fotum. Þa cwæð ðe Hælend him eft þús
tó, 'Ic cóm hider on dóme on ðisne middaneard, þ ða men ȝeséon
þe ne mihten ær iséon, 7 ða þe iséoð sceolon beon blinde.' Dis
godspel is nu isǽd swytellice on Englisc anfealdum anȝite, ac we
28 willæð eow sæcgen þ gastlice anȝit mid Godes fultume be þam ðe
ðe wisæ Auȝustinus hit awrát on bocum. For þan ðe Cristes
wundræ þe hé wrohte on þisse life wæron soðlice ȝefremede 7
swutelice mid weorcce; 7 swa ȝetacnoden þeah sum þing diȝelices;
32 forðan ðe his weórc beoð wunderlice on tacnum. Des foresǽde
blinde món, ðe swá iboren wæs, tacnode al moncýnn on þisse
middanearde, þe wearð earmlice ablénd for Adames ȝylte, 7 þæs
ecan lihtes yfele bedǽled, of ðam we alle men ordfrymæn habbæð.

31 weorcce] weoᵣcce MS.

They asked him then further, 'And how did he heal thee?' Then said the healed man in answer to them thus, 'A little time ago I told you; what good will it do you when ye have heard it again? Lo! will ye be his disciples?' They reviled him then fiercely and said, 'Be thou his disciple; we have for our teacher Moses the leader of the host, and we are his disciples. We know that Moses spoke to Almighty God, but we do not know this man nor whence he has come.' Then answered the healed man to the hard-hearted ones and said, 'Herein is it a great wonder, that ye do not know whence he is, and yet he could open my eyes. Verily we know that the true God does not listen to such a petition from the sinful; but the heavenly Ruler will hear him who is his worshipper and doeth his will. From the beginning of this world it has never been heard that any one could heal a man and open the eyes of him who was first born blind. Unless he were from God he could not do this.' Then answered the Jews thus scornfully to him and said, 'Thou art a wretch, and altogether born in sins; and dost thou teach us thus?' And they cast him out. When the Saviour heard that they had driven him forth, he met him, and thus said to him, 'Dost thou believe on the Son of God?' And he with faith answered him, 'Lord, who is he, that I may believe on him?' The Saviour answered him, 'Thou hast already seen him, and he is the same who speaketh to thee.' Then said he with faith, 'Lord, I believe.' And he prostrated himself at the Saviour's feet. Then said the Saviour again to him thus, 'For judgement came I hither into this world, that men might see who could not see before, and that those who see should become blind.'

This Gospel has now been repeated plainly in English in its literal sense, but we want with God's help, to speak to you of the spiritual meaning, according as the wise Augustine has set it down in books. For Christ's miracles which he wrought in this life were unquestionably performed and manifested as actions; and nevertheless they betokened something of hidden meaning; because his works are strangely full of meanings.

This aforesaid blind man, who had been born thus, betokened all mankind in this world, who were wretchedly blinded and miserably deprived of the eternal light, because of the guilt of Adam from whom we all have our origin. And through the malice of the devil,

7 þurh ðæs deoflæs onde ðe Adam beswác us becom dæð toó 7 eác
unrihtwisnesse; [fol. 108 b] 7 us for icýnde comæn leahtras to, 7 on us
beweoxon iwúnelice to swiðe. Nu ælc þare mónnæ þe mismaky his
4 lif, 7 on fulum leahtræn lið unȝeleaffullice, his mod is ablénd swylc
hé blind ȝéboren béo. Ne bið ðe mon ná ileafful þe on leahtrum
wúnæð. Þéo unleaffulnesse is þare heortæ blindnysse, 7 þe soða
ȝeleafa onliht þone mon þe mæȝ mid his mode his Scyppend iséon.
8 Be þam cwæð ðe apostol Paulus on sumon his pistol,—*Fuimus &
nos aliquando filii ire sicud & ceteri*; þ is, on Englisce spǽce, ' We
wéron eác hwilon on ure ȝecynde swá swá oðre men yrres béarn
itealde, mid teonfulle weorcce.' Yrræs bearn bið þe ilcæ ðe Godes
12 yrre hæfð, 7 ðe bið deaðes beárn þe deaþes wyrðe bið. Man
cwæð on bocum ȝehú be þissum bearnteame, þ ȝéhwa béo icwædon
þæs sunæ þe he folȝæð *Filius diaboli, filius iniquitatis, filius
uindicte, filius gehenne, & his similia*. Þæt is, he is deofles sunu,
16 ðe þe deofles weorc wyrcð; 7 unrihtwisnesse sunu, ðe þe unriht-
lice leofæð. Eft he bið wracane sunæ þe ðe wracæ iearnæð; 7 hé
bið helle sunu, þe ðe helle ȝeearnæð. Nu alle ðeos yfelnesse wæs
on us wuniȝende ær þam ðe þe mildheortæ Crist, þe is middaneardes
20 liht, niðer asteah of heofenum 7 hér on life wunode xxxiii ȝeare.
7 ða ðe on hine ȝelyfæð hé mid his soðan ȝeleafan soðlice onlihte;
7 þá ðe ne ȝelyfæð libbæð on blindnesse. Hwæt dyde þe Hælend
þa ða hé hælde þonne blindne? He spætte on þa eorðan, 7 of þam
24 spatle macode lám; for þan ðe his godcundnesse underfeng þa
menniscnesse úre eorðlicen cyndes, 7 us mid þam alysde. Hé
smirode his eaȝen eác mid þam láme; ac he wæs þeah swá blind
oððet þ wæter hine aðwoh þe is ihaten Siloę, þ is icwædon, Asend.
28 Ðe Hælend wæs asend soðlice to us to ure alysednesse fram his
Almihtiȝæ Fæder; 7 buton hé wyrde asend, nére úre nán alysed fram
synnum ne fram hellepine. Ðenne ðe mon bið icristnod 7 me him
tæcð his ileafan, þonne beoð his eaȝan ismirode; ac he ne isihð
32 swa þeah ær þam þé hé béo ifullod mid fulle ȝeleafan on þæs
Hælendes námæ þe hider asend wæs. His leorningcnihtæs befrun-
non hine 7 cwædon, 'For hwæs synnum wæs ðes mon swá blind
acenned, hwæðer þe for his aȝene oððe for his maȝæ?' Þá cwæð

5 bið] i *altered from* e.   10 yrres] yrre⁸ *MS*.

who deceived Adam, death has come to us and also unrighteousness; and sins have become natural to us, and have generally spread too much amongst us. Now in each man who misuses his life and remains without faith in foul sins, the heart is blinded as though he were born blind. That man is surely not faithful who continues in sin. Want of faith is blindness of the heart, and true belief illuminates the man who can through his heart see his Maker. Concerning this St. Paul said in one of his epistles— *Fuimus et nos aliquando filii irae sicut et ceteri*; that is, in the English speech, 'We too were once in our nature even as other men accounted children of wrath through evil deeds.' The child of wrath is the one who has God's anger, and the child of death he who is worthy of death. It has been mentioned in books also concerning such offspring, how every one is called the son of that which he follows, *Filius diaboli, filius iniquitatis, filius vindictae, filius gehennae, et his similia.* That is, he is the devil's son who does the devil's work, and the son of unrighteousness who lives unrightly. Again, he is the son of affliction who deserves affliction, and he is the son of hell who is worthy of hell. Now all this wickedness was present amongst us before the merciful Christ, who is the Light of the world, descended from heaven and dwelt here in this life thirty-three years. And he has verily illuminated with his true belief those who believe in him, and those who do not believe live in blindness.

What did the Saviour when he healed the blind man? He spat on the earth and made clay of the spittle; because his divine nature received the humanity of our earthly race, and by this he redeemed us. He also anointed his eyes with the clay; but he was nevertheless blind until the water which is called Siloam, that is, interpreted, Sent, washed him. The Saviour was sent indeed to us for our redemption by his Almighty Father; if he had not been sent, none of us would have been freed from sins or from the pains of hell. When a man is christened and taught his faith, his eyes are anointed; however, he does not see before he is baptized with complete faith in the name of the Saviour who was sent here.

His disciples asked him and said, 'For whose sin was this man thus born blind, for his own, or for his parents?' Then said the

ðe Hælend heom sonæ to andswáre, 'Næs hé blind acenned for his
aȝene synnum, oððe for his maȝe, ac ꝥ Godes wundræ wyrdon on
him iswytelode.' Nes ðe blindæ man swá þeah buton synnum on
4 life—forþan ðe moniȝ blind mon bið swiðe mánful—ac hé nés for
his synnæ oððe for his maȝæ blind ácenned, swá swá Crist sylf
sǽde, ac ꝥ Godes wundra wyrdon on him iswútelode. 'Me ȝe-
dafenæð to wyrcenne his weórc ðe me asende.' Nú ȝe maȝen
8 ihyren hú ðe Hælend wearð asénd fram his Almihtiȝa Fader, swá
swá we ær cwædon. He cwæð ꝥ him ȝedafenode to wyrccenne his
wéorc for þam ðe hé is his Sunu of þam soðan Fæder, Almihtiȝæ
Alesend, of þam Almihtiȝa Fæder, 7 he æffre his weorc 7 al his
12 wuldor tealde to his heofenlice Fæder, þe hine asende. Forþan ðe
hé of him is al ꝥ he is—eafre acenned [fol. 109] Súnu unaseȝenlice;
7 þe Fæder nis na of nanum oðrum. Crist cwæð, 'Þa hwile þe hit
dæȝ bið, for þam ðe þeo deorce niht cymð, þonne nan mon ne mæȝ
16 noht to góde wyréean.' Hwilc is ðe dǽȝ, oððe hwæt is þeo niht?
Crist cwæð him sylf ꝥ he is ðeo soðe liht þisses middaneárdes, 7
hé is úre dǽȝ, þe us mid ȝeileafæn onliht fram blindnesse. He cwæð,
'Ic eám middaneárdes liht, þá hwile ðe þé ic on middanearde ǽm.'
20 Hwæt wene we la!, broðræ, ꝥ he wére þá mid monnum, þa þá hé on
menniscnesse on middanearde wæs, 7 æfter his æriste 7 upstiȝe to
heofonum us wyrde ætbroȝdon 7 his beorhte liht, 7 þeo deorce niht
come æfter Drihtnes upstiȝe? Nis hit ná swá þeah swa wé on
24 ðare swarte nihte ure lif adreoȝon buton Cristes lihte. His
apostoli wrohten fela wyndræ 7 tacnæ æfter his upstiȝe, 7 eác
heom becom tó ðe Haliȝe Gast of heofenum, 7 heom alle ȝeaf alle
þeodæ spæce þe on þissære worulde beoð. Héo wrohten eác þá
28 wundræ þe Crist sylf ne wrohte; for þan þe hé sæde to héom ær
his ðrowunge, 'Maran wundræ ȝe wurcæð'; 7 hit wearð eác swá.
Swá ꝥ ða leaffulle men lǽdden ða untruman mén on heoræ læȝer-
beddum, 7 læȝdon heom bi þere strǽte þer þer Petrus éode; 7 héom
32 oferglád þa ðæs apostolas scæde, 7 héo sona wurdon hále fram al
untrumnesse for his scæde repunge. Ne hælde þe Hælend nenne
món þurh his scæde, ac þeos miht cóm of him swa þeah; forþan

24 lif] life *MS*. 24 Cristes] criste' *MS*.
26 heom] ʰeom *MS*. 30, 31 læȝerbeddum] læȝer bendū *MS*.

Saviour at once in answer to them, 'He was not born blind for his own sins, or for his parents', but that the wonders of God might be manifested in him.' The blind man, however, was not living without sins,—for many a blind man is very wicked,—but he had not been born blind for his own sins, or for his parents', as Christ himself said, but that the wonders of God should be manifested in him.

'It behoves me to do the work of him who sent me.' Now you can hear how the Saviour was sent by his Almighty Father, as we have just said. He said it behoved him to do his work, because he is the Son of the true Father, the Almighty Redeemer, from the Almighty Father, and he always ascribed his works and all his glory to his heavenly Father who sent him. Because from him he is all that he is—his Son ever indescribably begotten: and the Father is surely of no other.

Christ said, 'The while that it is day, because the dark night cometh, when no man can do anything of avail.' Of what kind, then, is the day, or what is the dark night? Christ himself said that he is the true Light of this world, and that he is our day, giving us light through faith out of our blindness. He said, 'I am the Light of the world as long as I am in the world.' Lo, brethren! do we think that he was then among men when he was in the world incarnate, and that after his resurrection and ascension to heaven, he and his bright light were taken away from us, and that dark night came after the Lord's ascension? However, it is not as though we must spend our lives in the dark night without the light of Christ. His apostles wrought many wonders and miracles after his ascension, and also the Holy Ghost came to them from heaven and gave them all the languages of all peoples who are in this world. They also wrought miracles which Christ himself had not done; because he said to them before his passion, 'Ye shall do greater wonders,' and it was even so. So that devout ones brought sick men on their beds of sickness and laid them along the street where Peter went; and when the shadow of the apostle went over them, they were immediately healed from all sickness through his shadow touching them. The Saviour did not heal any one through

ðe he cwæð ǽr to héom—*Sine me, nichil potestis facere*; þ is on úre spæce, 'Ne maʒe ʒe nan þiu[g] dón buton me.' Þes weoruldlice dæʒ þe us ʒewunelic is, bið iendod mid þan onsiʒendum æfne; ac 4 þe drihtenlicæ dæʒ, þ is úres Drihtnes midwunung, bið us æfre astreht oð ende þissere weorulde. Swá swá Crist sylf behét þam ðe hine lufiæð—*Ecce ego uobiscum sum omnibus diebus usque ad consummationem saeculi*; þ is on Englisce spæce, 'Efne ic béo 8 mid eow alle daʒum heonon forð oð þissere weorulde endunge.' Hwǽt is ðeo deorce niht buton helledimnes, on þære nán món ne mæʒ naht to góde wyrcéan, þe ðe nú on his life þes lihtes ne ʒemð þe Crist us behét þurh his midwununge? Oðer is weorces timæ, 12 oðer is ætleanes timæ. Nú is wéorces timæ oð þissere weorulde endunge; 7 æfter ure life bið eadleanes timæ, þonne Crist on his domsetle clypað to his icorenum, 'Cumæð nú to me, mines fæder iblætsedon, 7 iaʒniæð þ rice þe eow iʒearcod wǽs fram middan- 16 eardes anginne.' Þis is þ edlean þare rihtwisæ monnæ þe rihtlice leofedon, 7 mid gode weorce Gode icwæmdón. Ðéo dimme niht bið ðonne ure Drihten clypæð on þam miclan dome to þam man- fullæ heape þe mid yfele weorce hine ǽr gremoden 7 on unrihtwis- 20 nesse heora lif ádroʒon, 'Gewitæð fram me, ʒe awariʒedan, into þam éce fyre, þe is deofle iʒearcod 7 his awariʒedum gaste.' Þonne underfoð héo edlean on ecere pine [fol. 109 b] heoræ arleasæ dæda þe héo æfre adruʒon oð heoræ lifes ende, 7 heoræ Drihten forsæʒon. 24 Ón ðare nihte cwylmde, swá swá Cristes bóc us sæʒð, þe wælʒa rice; ðe walde þá habban Lazarum þone þeárfæn, þe hé on his life forseah, þ hé mid his fingræ húre his tunga drypte for þán ormete bryne þe he on cwylmode. Ac him wǽs þæs wætan forwyrnd, 28 swá swá he forwyrnde ǽr þa crumen þam earmæn Lazare. Him com þá to ʒemynde his ʒebroðræ on life; wolde þá god wyrcan, 7 héom warniʒæn þ héo ðider ne comen to þare cwylmynʒe. Ac þá nés na weorces timæ, ac wæs edleanes; 7 hé wæs þa on þare nihte 32 þær he wyrcen ne mihte. Ðis godspel is langsum 7 hæfð longne traht. Nu wylle we eow secgan þ arfoþeste andʒit; þ oðer ʒe

23 heoræ] heord *MS.*
30 cwylmynʒe] cwylm*rnʒ*e *MS.*, *the last part written above an erasure.*
31 weorces] weorce*s* *MS.*

his shadow, but nevertheless this power emanated from him; for he had said to them before—*Sine me nihil potestis facere*; that is, in our language, 'Ye can do nothing without me.' A day of this world which is as ordinary to us is terminated by the descent of evening; but the Lord's day, that is, our Lord's continuing with us, shall be always protracted until the end of this world. As Christ himself promised to those who love him,—*Ecce ego vobiscum sum omnibus diebus usque ad consummationem saeculi*; that is, in the English speech—Lo! I am always with you, for all days henceforth until the end of this world. What is the dark night but the dimness of hell, in which no one can do aught of avail who in his present life does not take heed of the light, assured for us by Christ himself through his abiding with us? There is one time for action and another time for retribution. The time for action is from the present until the end of this world; and after our life comes the time for retribution, when Christ on his judgement-seat shall call to his elect, 'Come now to me, ye blessed by my father, and possess the kingdom which was prepared for you from the beginning of the world.' This is the reward of the righteous ones who lived rightly, and with good deeds pleased God. The dim night is when our Lord shall call at the great judgement to the wicked company of those who with evil deeds angered him before and passed their life in unrighteousness, 'Depart from me, ye accursed ones, into the eternal fire, which is prepared for the devil and for his accursed spirits.' Then shall they receive in everlasting torment their reward for the evil deeds they have ever done throughout their lives, and for having renounced their Lord. In the night, as Christ's book tells us, the mighty rich man suffered torments; and he would have Lazarus the poor, whom he despised during his life, at least moisten his tongue with his fingers because of the excessive burning in which he was being tormented. But he was denied the moisture, just as he had denied the crumbs before to the poor Lazarus. Then he remembered his brethren in the world; he wished to do good to them, and warn them that they should not come thither into that torment. But that was not the time for doing, but for retribution; and he was then in the night when he could not work.

This gospel is long and has a long commentary. For the present we wish to expound to you its more obscure significations: the

maȝon eów seolfe understanden. Ðé mon wæs ihæled on þam
halȝa ræstendæȝ. Þá sædon sonæ súme þa sunderhalȝan, 'Nis ðes
món ná fram Góde, þe ðonne restandæȝ ne heáld.' Þa Iudeiscan
4 heoldon heom to freolsdæȝe þonne Sæteresdæȝ, 7 ná ðone Sunnen-
dæȝ, on þa aldan wisæn, æfter Moyses ǽ; swá þ héo on þam dæȝe
nan ðeowtlic wéorc wyrcan ne mosten for þare micclan tacnunge
ðe þe dæȝ tacnode, swá swá we sædon hwilon ǽr. De Sæteresdæȝ
8 þe héo swá swiðe freolsoden is úre gastlice freols, þe wé for Gode
sceolon haldán on úre life on ðare neowen ȝecyðnesse, 7 warniæn
us wið synnæ þe beoð þeowtlice wéorc. Swá swá Crist seolf cwæð
on sumne godspelle, *Omnis qui facit peccatum seruus est peccati.*
12 Ælc ðare þe synnæ ȝewyrcæð is ðare synne ðeow. Is nu þe
ræstandæȝ ure lifes timæ, on þam wé sceolon simle synne forbuȝon,
swá we selost maȝon, ure Scyppende to lofe, 7 ȝif we hwǽt to-
brecon, beton þ ȝeorne. Þá Iudeiscan freolsoden þone forsædon
16 ræstandæȝ fram weoruldlice weorcum, ac héo ȝewemdon swá ðeah
þone ilcæ ræstandæȝ mid unrihte dǽda 7 mid þam ða heo wið
cwǽdon þ Crist nære fram Gode. Hé heold þonne restandæȝ þeah
ðe he ihælde þonne blindan, forðan ðe he leofede his lif buton
20 synnum. 7 we halȝiæð nú him þone halȝan sunnandæȝ, forþan ðe
hé on ðam dæȝe of deaþe áras, ða þe he ús alysde fram þam ecan
deaðe. Héo cwǽdon to ðam mén, 'Do wuldor Góde'; swylc héo
cwǽdon þ Crist nǽre Gód, 7 hé sceolde þancian þam heofenlican
24 Gode. 'We witen ful ȝéaræ þ ðæs mon is synful'; ðis sædon þá
Iudeiscan be þam soðfestæn Hǽlende, þe ne wrohte næfre on þisse
weorulde synnæ. Ac héo weron synfulle, ðeah ðe heo swá ne
wendon, 7 heom wǽre bætere þ héo wrohton alle dæȝ on þam halȝan
28 restandæȝ, þone heo be þam Hǽlende swá huxlice spæcon héom
seolfum to wite. Ðé restandæȝ wes ihalȝod o[n] ðes Hǽlendes ðrow-
unge fram ðeowtlicum weorce; ac we ne ðurfon ná leng lichamlice
háldæn, ac on úre lifes ðeawum on gastlice andȝite, 7 on gode weor-
32 cum. Þá Iudeiscan wariȝedon wódlice ðone blindan syððan he ihæled
wæs, þa he be þam Hǽlende spǽc 7 befrán hwæðer héo [fol. 110]

13 lifes] *under* l *is an erasure.* 22 Góde] góde *MS. with the g altered from* ȝ.
29 Hǽlendes] hǽlende⁕ *MS.*
32 ihæled] d *altered from another letter.*

rest you can understand of yourselves. The man was healed on the holy Sabbath day. Then said some of the Pharisees at once, 'This man is surely not from God, who does not keep the Sabbath day.' The Jews kept Saturday as their festival day and not Sunday, in the old fashion, after the law of Moses; so that on that day they could not do any menial service on account of the great significance which the day indicated, as we have told you some time ago. The Saturday they celebrated so much is our spiritual festival which we must keep before God during our lives according to the New Testament, and take warning for ourselves against sins which are acts of servitude. So Christ himself said in one of the gospels, *Omnis qui facit peccatum servus est peccati.* 'Every one of those who commit sins is the servant of sin.' Now the Sabbath day is our lifetime in which we must constantly avoid sin, as best we may, to the glory of our Maker, and, if we have transgressed aught, atone for it earnestly. The Jews made the aforesaid Sabbath a holiday from worldly work, but nevertheless they defiled the same Sabbath with unrighteous deeds and by denying that Christ was from God. He kept the Sabbath day, although he healed the blind man, because he lived his life without sins. And now we keep the holy Sunday sacred to him, because he arose from the dead on that day, when he freed us from everlasting death.

They said to the man, 'Give glory to God';—just as if they had said that Christ was not God and that he should thank God in heaven. 'We know full well that this man is sinful.' This the Jews said about the righteous Saviour, who never did any sin in this world. But they were sinful, although they did not think so, and it had been better for them if they had worked all day on the holy Sabbath day, than that they had spoken so shamefully about the Saviour to their own hurt. The Sabbath was hallowed from menial services by the Saviour's passion; but we need keep it no longer bodily, but in the spiritual sense—in our ways of life, and in good deeds. The Jews fiercely cursed the blind man after he was healed, when he spoke about the Saviour and asked them if

wolden his leorningcnihtæs beon. Heo sædon him to andswáre, 'Beo
ðu his leorningcniht,' swylce hé wære awáriȝed ȝif hé cristene wære.
Ac þ nis ná wariȝung, ac witolice blætsung þ mon Criste folȝie mid
4 soðæ cristendome. Heo témdon to Moysen þam mæran lareowe þ
héo his leorningcnihtæs wéron 7 his lare folȝodon; ac ȝif héo his
lare folȝedon, þonne lyfdon héo on Crist, forþam ðe Moyses awrat
witegunge be Criste. 7 þá Iudeiscan noldón nowþre folȝian ne
8 Moysen ne Criste mid nane soðfestnesse. Ðé ihǽlede món cwæð þ
Gód nele ihyran þa synfulle mén, ác hé ne sæde ná riht. Forþan
ðe hé ne cuðe þaȝýt þa halȝa Cristes bóc þe sæð hú þe manfulle
mid mycele onbrurdnesse binnon Salomones temple hine sceortlice
12 ðus ibéd—Deus propicius esto michi peccatori, þ is, 'God Almihtiȝæ
mildsiȝe me synfulle'; 7 he wearð irihtwisod, 7 wende him hám.
Wé nyton, þeah hé mende þ micele wundor, þ nan synful man ne
mihte swylce tacnæ wyrcæn. Ðé ihǽlede món cwæð to þám
16 heardheortum Iudeiscum, 'Fram þissere weorlde anginne ne wearð
nefræ ihyred þ æniȝ mon mihte þone mon ihælen 7 his eaȝan
openiæn þe ǽr wæs blind acenned; buton hé fram Gode wére, ne
mihte hé þis don.' Freolice he spæc hér, 7 ful andrædlice, 'Hwá
20 mihte openiȝan þa unsceapenæ eáȝen 7 him sihðe ȝifen, buton ðe ðe
ȝeisceop ǽr Adam of eorðan 7 Euam of his ribbe?' Ðá yrsodan þa
Iudeiscan 7 hine útdrifon. Ac Crist hine underfeng þa þa héo hine
forsæȝen 7 him sonæ cwæð tó, 'Þú ilefest on Godes Súnu?' He
24 andswyrde mid iléafan, 'Lá hwylc is he, laford, þ ic iléfe on hine?'
7 þe Hælend cwæð him tó, 'Þú hine isæȝe ǽr, 7 he is ðe ilcæ þe
þe tó spæky.' He cwæð þa mid ileafan, 'Ic ilyfe, Drihten,' 7 feol
to his fotum; forþan ðe he oncneow ðet hit idafenlice wæs ðæt
28 hé to his Drihtne mid astreahtum limum 7 ȝeleafan hine ȝebéde.
Ðá cwæð ðe Hælend him eft tó þús, 'Ic cóm hider on dóme on
þisne middanéard, þ ða men iseon þe ne mihten ær iseon, 7 þá ðe
iseoð sceolon beon blinde.' Þes món wæs blind ibóren, ac hé iseah
32 þurh Criste æȝðer mid eaȝan 7 mid ȝeleafan. Þa Iudeiscan wendon
þ héo weron hále, ac heo ne iséȝon ná Crist mid soðæ leafæ, ne his

7 nowþre] *the* þ *apparently altered from another letter.*
10 cuðe] cÿðe *MS.*
27 idafenlice] *the* d *has half the stroke of a* ð *added later.*
30 mihten] mihte° *MS.*

they would be his disciples. They said to him in answer, 'Be thou his disciple';—as though he would be accursed if he became a Christian. But it is no curse, but a true blessing that one should follow Christ with a true Christian faith. They appealed to 4 the authority of Moses their great teacher, because they were his disciples and followed his teaching; but if they had followed his teaching, then they would have believed on Christ, because Moses wrote prophecies of Christ. And the Jews would follow neither 8 Moses nor Christ with any sincerity. The healed man said that God will not listen to sinful ones, but he did not speak at all rightly. For as yet he did not know Christ's holy book which tells how the sinful man prayed to him thus briefly with great 12 fervour in Solomon's temple—*Deus propitius esto mihi peccatori*, that is, 'God Almighty, have mercy on me a sinner'; and he was justified, and returned home. We do not know—although he meant the great miracle—why any sinful man should not be able 16 to perform such miracles.

The healed man said to the hard-hearted Jews, 'From the beginning of this world it has never been heard that any one could heal a man and open the eyes of him who had been previously born 20 blind; if he were not from God, he could not have done this.' He spoke plainly in this matter, and full boldly, 'Who could open unformed eyes and give them sight except he who created long ago Adam from earth and Eve from his rib?' Then the Jews 24 were angry and drove him out; but Christ received him when they rejected him and said to him forthwith, 'Dost thou believe on the Son of God?' He answered with faith, 'Lo, who is he, Lord, that I may believe on him?' And the Saviour said to him, 'Thou 28 hast already seen him, and he is the same as he that speaketh to thee.' He said then with faith, 'Lord, I believe,' and he fell at his feet; because he knew that it was right for him to pray to his Master with prostrate limbs and with faith. Then said the Saviour 32 to him again these words, 'I came hither for judgement against this world, that those should see who could not see before, and that those who see should become blind.' This man was born blind, but through Christ he saw both with his eyes and with faith. 36 The Jews thought that they were whole, but they could neither

lihtes ne bédon, for þan ðe héo blinde wéron. Héo hine iseȝen swutelice mid eágan, 7 mid hearde heortæ húxlice forséȝon. Wé hine ne iseȝon mid lichamlicere ȝesihðe, ac wé hine iseoð nú mid 4 soðæ ȝeleafan. Héo þurhwúnedon on blindnesse, 7 we wurdon onlihte ðurh ðone lyfiȝendan Drihten þe leofæð á ón ecnysse. AMEN.

[VIII]

[Fol. 121 b, l. 5.] UNI*US* MARTIRIS

8 **A**MEN Amen dico uobis nisi granum frumenti cadens in terram mortuum fuerit ipsum solum manet & reli*qua*. 'Soð soð, ic eow secge, Gif þ sawene hwætene córn feallende on eorðen ne bið fullice beæȝðæd, hit wunæð him sylf anæ. Aut hé cwæð eft 12 þá, Gif hit soðlice beæȝðed bið, hit bringæð mycele wæstm forð. Ðe þé his sawla lufæð, he forlyst heo witodlice; 7 þe ðe his sawlæ hátæð on þissere weórulde, þe héald hire on þám écan life. Ðe ðe me ðenæð fyliȝe hé me þenne; ant þær ðær·ic me sylf beó, 16 þer bið eác min þéȝn. 7 þe ðe me ðenaþ, him þon*ne* arwurðað min Fæder Almihtiȝæ þe ðe is on heofenu*m*.' Ðis godspel is nú isǽd sceórtlice on Englisc, ac we wyllæð openian eów þ gastlic andȝit, ná swá ðeah to langlice, þ hit eow ne laðiȝe. Æfter weorldþingum 20 wé witon tó soðan, þ þ asawene córn, ȝif hit ne chinæð on þare móldan, 7 ȝif hit ne bið aðyd of þam þe hit ǽr wæs, ðet hit ná ne weaxæð, ac wúnæð him sylf ánæ. Þæt clæne hwætene córn, þe Crist þá embespǽc, tácnæð hine sylfne þe sealde his lif for us; 7 he 24 micelne wǽstm of moncynne abér þurh his ánes deað, þe swiðe deorewurðe is; 7 hé bringæð þone wǽstm, þ beo wé synfulle, into þe wynsume bǽrne þare écan wúnunge. Hé wæs ða dead þurh þá Iudeiscen, 7 he cwicede us þe on hine lyfæð. Héo hine forlúron, 28 7 wé hine ilæhten. 7 his nomæ weaxæð wunderlice on ús swá mycel swiðor swá hé mid heóm is ið[r]yht, þ hé adwæsced béo on heóræ dwýldu*m*. Rihtlice þ hwætene córn, þé iclænsod is on wæstmu*m* 7 ealræ sǽde fyrmest, is iset on ȝetacnunge úres 32 Hælendes Cristes for his héahlice mihte. For þán þe he oferstihð alle isceaftæ. 'Ðe þe his sawle lufæð, he forlosæð héo witodlice;

11 beæȝðæd] beæȝdðæd *MS*.　　11 sylf anæ] sylfenæ *MS*.
15 me sylf] me *written over an erasure*.

see Christ with true faith nor pray for his light, because they were blind. Indeed they saw him clearly with their eyes and despised him shamefully with their hard hearts. We have not seen him with physical sight, but we see him now with true faith. They remained in blindness, and we have had light given us by the living Lord, who liveth for ever in eternity. Amen.

VIII

ON A MARTYR'S DAY

Amen, Amen, dico vobis nisi granum frumenti cadens in terram mortuum fuerit, &c. [John xii. 24.]

'Verily, verily, I say unto you, Unless a grain of wheat, which being sown and falling on the earth, is not fully harrowed, it abideth alone. And again he said to them, If, indeed, it is harrowed, it bringeth forth much fruit. He that loveth his life shall lose it indeed; and he that hateth his life in this world shall keep it unto life everlasting. Let him who is my servant follow me, then; and where I myself am, there shall my servant also be; and him who serves me shall my Almighty Father who is in heaven honour.' This gospel has now been repeated briefly in English, but we wish to reveal to you the spiritual meaning,—however, not too diffusely, so that it is not unwelcome to you. In accordance with worldly conditions, we know for certain that a seed when sown, unless it splits open on the ground and is crushed out of its former state, does not grow, but remains by itself alone. The pure grain of wheat, which Christ spoke about, betokens himself who gave his life for us; and he produced a very great crop from out of mankind through his own death, which is of very great worth; and he brings the crop, that is, our sinful selves, into the pleasant barns of the eternal dwelling-place. He was killed, then, by the Jews, and he has made us alive who believe in him. They have lost him and we have gained him. And his name shall increase wondrously among us so much the more as it is suppressed by them, even to being effaced in their heresies. Very properly is the grain of wheat, which is sifted out among the crops and first of all seeds, set forth as a token of our Saviour Christ because of his glorious might whereby he excels all created things. 'He that loveth

7 þe ðe his sawlæ hátæð on þissere weórulde, hé healt hire soðlice
on þam écan life.' Þæt is on twá wise witolice to sécgene. Gif þú
wylt witodlice lif habbæn mid þám lifiʒendum Hælende, ne ondræed
4 þú ðe to swæltænne for his soðan ileáfan ; 7 ne lufe þú þis lif, ꝥ ðu
on leahtrum wuniʒe 7 þine sawle forleose on þe soðe life. Hér is
ðeo sawlá isét for þisse sceorte life ; 7 þé ðe on þissere weorulde
witodlice leofæð 7 on druncenesse his daʒas aspént, be ðam cwæð
8 Paulus, ne cymæð hé ná to Godes rice. Iseliʒe beoð þá ðe heora
sawlæ hátiæð on þissere weorlde, ꝥ héo wislice libban ꝥ héo þá écan
murhðe moten habben mid Gode. Þá háliʒe martyræs swá mycel
forsæʒen þis andwearde lif, ꝥ heóm leofere wæs to swæltánne for þæs
12 Hælendes námen ær þam þe héo hine wiðsócen ; swá swá Uincencius
dýde, be þam þe wé eów sæden ǽr. ' Ðe þe me þenæð, fyliʒe hé me
þenne.' On moniʒe wisum men þeniæð Criste; sume on his ðeowdome
ón isette timan ; sume on mæsseþenunge 7 on moniʒe bedum ; sume
16 on clænnesse for Cristes lufæn wuniæð ; sume sealden heora lif for
his lufe to cwále; sum[e] doð ælmessan heoræ Drihtene to lófe. 7 swá
hwá swá deð his Drihtnes willan on éniʒe wisan hé þenæð him sylfum.
'Ðe ðe me þenæð, fyliʒe [fol. 122] hé me þénne.' Gif we Criste ðeniæð,
20 we sceolen him fyliʒen. Wé sceolon faran on his wéʒas, ꝥ is, on
rihtwisnesse 7 soðfestnessæ simle þeniæn. 'And þér ic béo seolf þær
bið eæc min þéʒn.' Hér wé maʒen ihýren hwæt hé deð ús to leáne, ʒif
wé him þeniæð on eawfestum life, 7 on wældédum,—þat we wuniæn
24 móten þǽr þǽr hé sylf bið on þam soðe life on éce wuldre á to
weorulde. 'And þe ðe me þenæð hine, þone, arwurðæþ min Almihtiʒa
Fæder þe ðe is on heofenum.' Mid hwylce wurðmente arwyrðæð
þe Fæder þóne mon þe þenæð on þisse life his Suńu, butan mid þam
28 wyrðmente ꝥ hé wuniæn móte on þam écan life þǽr þǽr hé sylf bið, 7
his wuldor iseón, 7 þare wynsumnesse á bútæn ende brúcæn mid alle his
halʒum ? Hwá mæʒ æffre wilniæn máre wyrðmente, oððe hwá dúrste
þisses wilniæn, ʒif þe Almihtiʒa Hælend þisses ne beháete þám ðe
32 hine lufiæð ? Ðe ðe leofað on ecnesse mid his Almihtiʒæ Fæder 7
þam Halʒan Gaste on anre godcundnesse, on áne mæʒenðryme, on
ánum ʒecynde á on ecnesse. AMEN.

26 wurðmente arwyrðæð] wurdmente arwyrdæð *MS.*
29 á bútæn] ᵃ butæn *MS.*   29 brúcæn] *the* æ *altered from* a.

his life shall lose it indeed; and he that hateth his life in this world, shall keep it unto life everlasting.' There are, therefore, two things to be said here. If thou wilt truly have life with the living Saviour, do not fear to die for his true faith; and, do not love this life so that thou continue in sins and lose thy soul in the real life. The soul is lodged here for this short life; and he who verily in this world lives and passes his days in drunkenness, St. Paul said, shall by no means come to the kingdom of God. Blessed are those who hate their lives in this world, so that they live prudently in order to have eternal happiness with God. The holy martyrs so much despised this present life, that they preferred to die for the name of the Saviour, rather than deny him, as did Vincent whom we have already told you of. 'Let him, then, who serves me, follow me.' In many ways do men serve Christ; some in his ministrations at appointed times; some in mass service and in many prayers; some remain in purity for love of Christ; some have given up their lives in death for love of him; some do acts of charity to the glory of their Lord. And whosoever does his Lord's will in any way, serves him. 'Let him, then, who serves me, follow me.' If we serve Christ we must follow him. We must go in his paths, that is, we must serve him always in righteousness and steadfastness. 'And where I myself am, there too is my servant.' Here we can understand what he does to reward us, if we serve him in a pious life and in good deeds,—how we may dwell where he himself is in the true life in everlasting glory for ever and ever. 'And him who serves me, shall my Almighty Father who is in heaven honour.' With what honour shall the Father distinguish the man who in this life serves his Son, except with the honour of his being permitted to continue in the everlasting life, where he himself is, and to see his glory, and enjoy the happiness for ever without end with all his saints? Who can ever desire greater honours, or who would have dared to desire this, unless the Almighty Saviour had promised this to those who love him? He who liveth for ever with his Almighty Father and with the Holy Ghost in one divinity, in one majesty, in one nature for ever and ever. Amen.

[IX]
[Fol. 155, l. 1.] [IN NATALI DOMINI]

A LA!, ȝebroðræ, ærereð eowre heorte to ðam heofenlice Godc mid soðe ileafe for ðisse halȝæ dæȝe; 7 lufiæð eowre Hælend, þe
4 mid eadmodnesse to us com nu todæȝ, on soðe menniscnesse ácenned of Mariæ þet haliȝe mæden. 7 heo áne is mæden 7 moder buton wæres imane, swá nan oþer ne bið næfre on ecnesse. Crist wearð ákenned of þam clene mæden, on sawle 7 on lichame soð mon 7
8 soð God, for ure alysednesse, 7 eac ure lufe. 7 he álysde ús mid his aȝene life fram hellice pine, 7 walde us habben to him to þære heofenlice blisse þe we to isceapene weron. He wyle mucel habbæn of þissen middenearde, of al moncynne, to his mycele
12 blisse 7 to his heofenlice hirede mid his halȝen englum; for þan ðe hit birisæð ure Drihten þ he mid mucele weorode on his riche blissie, 7 þ he mucel hirod habbe on his rice biforen alle oðre kynges. For þon ðe he aɲe is God, 7 allre kynges kyng, 7 alre
16 lafordæ laford, á on ecnesse rixiende mid alle his halȝen. Nu weron summe dwolmen mid deofles gaste ifulled þe nolden ilyfæn þ þe lyfiȝende Hælend wære æfre ær þysre weorlde anȝein wuniende mid his heofenlice Fæder, of him soðlice ácenned; ac, bi þon þe heo
20 sædon, sum timæ sceolde beon ær þam þe ðe Hælend wære þe alle þing iwrohte. Nu maȝe ȝe ihýren hú þe Hælend andswerede þam arlease Iudeis þe him syððan ácwaldon, þa ða heo him axodon mid onde 7 cwæden, 'Sæȝe us, lá! hwæt eart ðu.' 7 he heom and-
24 swarede þus, *Principium qui & loquor uobis*; 'Ic me seolf eám anȝeɲt þe wið eow speke.' Her is sceortlic andsware, ant swiðe deoplic. Gif æni þing wære wuniende ær þene God, þenne nære he anȝin ne ordfrumæ alræ isceaftæ, ac he soðlice is án Almihtiȝ
28 God effre unbigunnen. 7 he alle isceaftæ iscéop swá swá he wolde, summe to engles, summe eac to monen; 7 on monie wise he wrohte iscefta. 7 nes nan timæ ne nefræ nane tide, ne nán oðre ȝesceaft þe he áne ne iscéop. Se Almihtiȝ Fæder þe alle þing iscéop, hé
32 streonde ænne Sune of him sylfum acenned buton wifes imanan;

---

12 englum] *see note.*   15 God] *erasure over* G.
23 cwæden] *the e altered from another letter.*   29 engles] engleˢ *MS.*
30 tide] *the e altered from another letter.*

IX
[CHRISTMAS DAY]

LIFT up your hearts, O brethren, to God in heaven with true faith for this holy day; and love your Saviour who with humility came to us on this very day, born in true humanity of Mary the holy maiden. And she alone is virgin and mother without intercourse with a man, as no other shall ever be for all time. Christ was born of the pure virgin, spiritually and bodily, a true man and true God for our redemption, and also for love of us. And he has freed us with his own life from the torments of hell, and would have us with him in the heavenly bliss for which we were created. He desires to have many from this earth —from all mankind—in his great bliss and in his heavenly retinue together with his holy angels; because it is fitting for our Lord to rejoice with a great host in his kingdom, and to maintain in his kingdom a great company above all other kings. For he alone is God, and king of all kings, and Lord of all Lords, ever ruling in eternity, with all his holy ones. Now, there were certain perverse men filled with the spirit of the devil who would not believe that the living Saviour before the beginning of this world was ever dwelling with his heavenly Father and truly begotten of him; but, as they said, there must have been some time before the Saviour existed who created all things. Now you can hear how the Saviour answered the wicked Jews who afterwards killed him, when they maliciously questioned him and said, 'Lo, tell us, What art thou?' He answered them thus, *Principium qui et loquor vobis.* 'I myself am the beginning who speak with you.' Here is a short answer and a very profound one. If any thing had been existing before God, then he would not have been the beginning or origin of all creation, but he is indeed an Almighty God for ever without beginning. And he fashioned all creatures as he would, some as angels, some as men; and in many ways he fashioned what was created. And there has never been any time, nor ever any period, nor any other thing created which he has not contrived alone. The Almighty Father who created all things begat a Son born of himself without intercourse with a woman;

7 þe is his wisdom, of þam wise Fæder ná iwroht ne isceapen, ác he wæs effre Almihti3 Sune of þam Almihti3 Fæder. Þurh ðone hé isceóp alle 3esceaftæ, 7 heom alle lif bifeste þurh ðone lifiende Gast, 4 þe is heora be3ræ lufe of ham bam eafre. Na swá ðeah ácenned, ne hé nis ná Sunu, ne he næfre ne ongón; ác he wæs æfre God of þam Almihti3 Fæder, 7 of [h]is ácennede Sune, heoræ be3re lufe 7 willæ, on áne godcundnesse æfre wuniende. Nu is þe Fæder angin, 8 7 þe Sune an3in, 7 þe Hal3a Gast an3in—þ is ordfrumæ. Ná þreo an3in, ne þreo ordfrumæ, ac héo [fol. 155 b] alle þreo on áne godcundnesse beoð án an3in 7 an Almihti3 God, ús únase3enlic, 7 unasmea3enlic. Ac þe mon goffæð 7 sottæð þe wule habben 12 æni3 þing ætforæn þam anginne ðe alle þing iscéop. Þéo hali3e Ðrymnesse mid únase3enlicræ mihte wæs æfre wuni3ende, 7 wrohte alle þing; 7 nis nán 3esceaft þe héo ne scopen; ne nan tid ne wunæð þe heo ne wrohten. Ðis 3e sceolen ilyfen, swá swá us 16 læreð þe wite3a, *Nisi credideritis non intelligitis.* 'Buton 3e hit ilefæn ne ma3e 3e hit understanden.' Nu is eft awriton on oðre stowe þus, *Altiora te ne quesieris.* 'Ne ongin þu to asmea3ene ofer þine meðe embe þa mýcele deopnesse; ne húre embe þone þe 20 alle þing iscóp; ác ilef ón him, forðan þe he is soð lif; for þi læs ðe þu dweolie on þine þriste smea3un3e, for þan ðe ðu ne miht.' Ne forðen engles ne ma3en næfre ásme3en embe heoræ Scuppend, buton þ he æfre wæs únóngunnen Wurhtæ; 7 hé æfre þurhwunæð 24 on ecnesse án God. Gif he an3in hæfde, oðer hé on3unne to beon, þenne nere hé næfre Almihti3 Wealdend. Gif nu sum sot wæneð þ he wrohte hine sylfne, þenne axie we him hu þe heofenlice God hine sylfen wrohte, 3if hé himsylf ær nes, oðer hwá wurcæð æni3 28 þing buton he ær wære, 7 wununge hæfde þ he wyrcen mihte. Þe ðe furðor smeað þ he fandie God, hé bið ilic þam men þe summe læddræ æræreð, 7 astihð þonne uppon þære læddrestæfæ, á þ hé úp cume to þære læddre ende; 7 wule þonne sti3an ufor butan 32 stafæ, þonne fællæð hé stedeléas for his stuntnesse, swa mucele

---

1 wisdom] wi^sdom *MS*.
4 *After* þe *a letter* (h?) *has been erased.*
4 eafre] e^afre *MS*.   6 [h]is] *MS.* is *before which* h *has been erased.*
9 þreo] o *altered from* a.   12 æni3] *with* æ *altered from* a.

and he is his wisdom, not created nor shaped by the wise Father, but he was ever the Almighty Son of the Almighty Father. By him he fashioned all creatures and established life in them all through the living Spirit, which is the love of them both, always emanating from them both. Nevertheless he was not born, nor is he in any way a son, nor had he ever a beginning; but he was ever God born of the Almighty Father and from his begotten Son by him—the love and will of them both, ever enduring in one divinity. Now is the Father the beginning, and the Son the beginning, and the Holy Ghost is the beginning—that is the Creator. They are in no way three beginnings, nor three creators, but they are all in one divinity, one beginning and one Almighty God, ineffable, and inconceivable to us. But that man is foolish and vain who will maintain there was anything before the beginning which created all things. The Holy Trinity was always existing with ineffable power and created all things, and there is nothing created that it has not fashioned; nor does any time exist which it has not made. This must you believe, as the Prophet teaches us, *Nisi credideritis non intelligitis*—'Unless ye believe ye cannot understand it.' Now is it written again thus in another place, *Altiora te ne quaesieris.* 'Do not try to ponder beyond thy measure about great mysteries; and surely not about him who created all things; but believe in him, because he is the true life; lest thou grow foolish in thy presumptuous thinking, because thou canst not do it.' Not even angels can ever think about their Creator, except that he was ever the Maker without beginning, and continues one God for ever in eternity. If he had a beginning, or if he had begun to exist, then had he never been an Almighty Lord. If now some fool thinks that he has made himself, then let us ask him, how the heavenly God made himself, if he himself did not exist before, or who makes anything without previously existing himself, and having existence so as to be able to do it. He who ponders still further in his seeking to know God is like the man who sets up a ladder and then mounts upon the ladder steps continuously so that he reaches the top of the ladder; and, wishing then to mount higher without a rung, he falls through his folly, having no support; so much the worse, the higher he has

wyrsse swa he forðor stóp. Ne ongon næfre þe Almihtiʒ God
Fæder, ac hé wæs æfre God; 7 his ancennedæ Sunæ æfre of him
acenned, all swá mihtiʒ swá hé, he is miht, 7 wisdom of þam wise
4 Fæder. 7 þe Halʒæ Gast, heoræ beiʒræ lufæ, ne ongan næfre, ac he
wæs æfre God, heo ðreo án God wuniʒende on áne cynde, untodæ-
ledlic on áne mæʒenðrymme, 7 on ane godcundnesse iliche mihtiʒe,
nán læsse þene oðer. Swa hwæt swa bið læsse ðone God, þ ne
8 bið na God; þ þ lator bið þone God þ hæfeð anʒin, 7 ne bið na
God. God næfð nán anʒin, ac hé wæs æfre 7 wunæð á on ecnesse.
Nu beoð summe isceaftæ þurh God swá isceapene, þ heo habbæð
anʒin, 7 eác endæð 7 to nohte iwurðæþ, for þam þe héo nabbæð
12 náne sawle. Heo beoð hwilwendlice, swá þ heo beoð summe hwile.
Þæt beoð nytene, 7 fiscæs 7 fuʒelas. Heo weron iscapene þurh
God, 7 heo iwurðæþ to nohte. Nu beoð oðre isceaftæ þur[h] Gode
swá iscápene, þ heo habbæþ anʒin 7 nænne ende; 7 beoþ æce on
16 þam æftran dæle. Þæt beoð englæs, 7 monne sawle; heo ne
endiæð næfre, þeah heo ær ongunnon. Ðæh ðes monnes lichame
swælte, oðer hé on watere adrynce, oðer he wurðe forbérnd, ne
mæʒ næfre his sawle endiæn; ac beo heo ufel, beo heo god, heo
20 bið æfre swa swa engles beoð æfre þurhwuniende on ece worlde.
Nu is þe Almihtiʒ Scuppend þe alle þing iscóp áne swa éce þ he
nafeð nan angin. Ne he nafæð nenne ende, ac he him sylf is
æʒþer ordfrume 7 ende, [fol. 156] Ealwealdend God. Ne ondred
24 he him nænne, for þan ðe nan oðer nis mihtiʒræ þonne he, ne
forðon him ilic. Æfre he bið ʒyfende his ʒyfæ þam ðe he wyle,
ac he his þing ne wonæð, ne hé nanes þinges ne bihofæð. Æfre
he bið Almihtiʒ, 7 æfre he wule wæl. Nyle hé næfre nan ufel, ac
28 he hatæð soðlice þa ðe unriht wurcæð, 7 eac þa fordeþ ðe leasunʒæ
specæð mid unleaffulnesse. Nu beoð þa ʒesceaftæ þe þe án
Scyppend iscop mislice heowes 7 monifealdes cyndes; 7 heo alle
ne libbæð ná on ane wisæ. Summe heo beoð unlichamlice 7 eac
32 unseʒenlice swa beoð englæs; heo nabbæð nænne lichame, 7 heo
libbæð on heofene, swiðe bliþful on Godes isihðe, 7 heo eorðlice
mætes næfre ne brucæð. Summe heo beoð lichamlice, 7 unscead-

1 swa he] swa ʰᵉ *MS*. 13 fiscæs] fiĉsæs *MS*. 16 æftran] æfᵗran *MS*.
23 God] G *altered from* ʒ? 26 his] s *altered from another letter*.

gone. Nor did Almighty God, the Father, ever have a beginning, but he was always God; and his Son, ever begotten of him, even as mighty as he, is the might and wisdom of the wise Father. And the Holy Ghost, the love of them both, never had a beginning but was always God, the three of them remaining one God in one nature, indivisible in one majesty and in one divinity, equally mighty, none less than another. Whatsoever is less than God is not God; and that which is after God has a beginning and is not in any way God. God has no beginning, but has always existed, and will continue for ever in eternity. Now there are some creatures so fashioned by God that they have a beginning and also an end, and turn to nought because they have no soul. They are temporal, and therefore exist for a certain time. These are beasts, fishes, and birds. They were created by God, and they turn to nought. Now there are other creatures so fashioned by God that they have a beginning and no end; and they are eternal as regards their future. These are angels and souls of men, which never come to an end although they had a beginning before. Though man's body perishes, if he is drowned in water or if he is burnt, his soul can never have an end; but whether it is good or bad, it dwells for ever in the everlasting world even as the angels do. Now the Almighty Creator, who created all things, is alone so eternal that he has no beginning. Nor has he any end, but he himself is both beginning and end, God Almighty. He does not fear any one, because there is no other mightier than he, nor even equal to him. He is for ever distributing his gifts to whom he will, but he does not diminish his possessions; nor is he in need of anything. He is for ever Almighty and he ever desires good. He never desires any evil, but he truly hates those who do wrong and also destroys those who speak lies with unbelief. Now the creatures which the one Creator made are various in form and of manifold kind; neither do they all live after one manner. Some of them are incorporeal and also invisible as angels are; they have no body and live in heaven, very joyous in the sight of God, and never want earthly food. Some of them are corporeal and irrational, and creep on the earth wise, 7 mid alle lichame on eorðe creopaþ; þ is, all wyrmcýn, swa swa eow fulcuð is. Summe gað on twam fotum; summe beoð feowerfote. Summe swimmæð on flode; summe fleoð ȝeont þas 4 lyft. Þa fixas nabbæþ nán lif buton wætere; ne we ne maȝon libban noht longe on watere. Ealle heo beoþ alýtene 7 lybbæþ bi þare eorþan, ac þe mon áne hæfð úprihtne ȝéong, for þam þe he is isceapen to his Scyppendes aulicnesse. He is on sawle liffæst mid 8 ȝesceadwisnesse, 7 his ȝéong bitacnæð, þenne hé úprihtes gæð, þ he sceal smeaȝen embe God 7 embe þa heofenlice þing swiðor þenne embe ða eorðlice þing, swiðor embe þa écan þonne embe þá ateoriendlice, forþi læs ðe his mod beo bineoðan his lichame. Þe 12 mon þe æfre smeað embe þas eorðlican 7 witendlicen þing, he bið ilic þam wyrme þe mid alle lichame creopæð on ðare eorðæ. Ne beo ȝe ná attre, swa swá ða yfelæ neddræ, terende eow bitweonen 7 teone wyrcende; ne ȝe ne gan lýtende, swá swá ða nytene gað 16 þe libbæþ bi gres, 7 heo Godes ne ȝemeþ. Soðlice ure Scuppend us ȝeaf to bileofenæn iȝearcnodne laf of 'eorðlice tylunge, 7 eac þone arwurðæ laf þe engles brucæð, þ is, þe Hælend Crist þe is heoræ lif 7 uræ. He is þe liflice laf þe of heofene astah, 7 nu todæȝ 20 wærð ácenned of þam clæne mædene; he is engle lif 7 úre þurh ȝeleafe. He cwæð bi him sylfum on his godspelle, *Ego sum panis uiuus qui de celo descendi.* 'Ic eom þe liflice laf þe of heofene astah; 7 þe þe of þam lafe ǽet, he leofæð on ecnesse. 7 þe laf 24 þe ic sulle is soðlice mi licame for middaneardes life monne to alysednesse.' Ðesne laf we æteð þonne we mid bileafan gað to haliȝe husle úre Hælendes lichame. 7 nu todæȝ for þisse symble- dæȝe 7 for Cristes accennednesse men sceoldon underfon Cristes 28 lichame on þam halȝæ husle þam Hælende to wurðmente, þe us neahlæcede mid his ácennednesse. 7 ȝif ȝe þaræ gode cyðon, ȝe sceolden ilome gán to þam halȝe husle eowre sawle to hæle, swá swá mon deþ ȝehwær þær ðe me wæl halt þone cristendom. Ge 32 men sceolen witen 7 wislice understonden for hwi oðer for hwón ȝe beoð isceapene on þisse sceorte life, oððe to hwán ȝe wurðæþ

---

8 úprihtes] úprihte⁸ MS.   14 attre] attʳe MS.
18 *Before the first* is *an* h *has been erased.*

HOMILY IX—CHRISTMAS DAY

with their whole body; that is, all of the worm kind, as is well known to you. Some go on two feet; some are four-footed. Some swim in the sea; some fly through this air. Fishes have no life out of water; and we cannot live for any length of time in the water. They are all bent down and live along the ground, but man alone has an upright way of going because he is created in the likeness of his Maker. He is quickened in his soul with understanding, and his manner of going shows that when he walks upright he must think about God and about heavenly rather than about earthly things, rather about eternal than about perishable things, lest his mind become inferior to his body. A man who is ever thinking about earthly and transitory things is like the worm who crawls with its whole body upon the earth. Now you must not be poisonous like noxious adders, rending one another and working harm; and do not go bent down as the beasts go who live by grass and do not take notice of God. Our Maker, indeed, has given us for nourishment prepared bread of earthly making and also the glorious bread which angels feed on, that is, the Saviour Christ who is their life and ours. He is the living bread, who descended from heaven and on this very day was born of the pure virgin; he is the life of angels and of us too through faith. He said of himself in his gospel, *Ego sum panis vivus qui de caelo descendi*; 'I am the living bread which came down from Heaven; and he who has eaten of the bread shall live for ever. And the bread which I give is verily my body for the life of the world as a redemption for men.' We eat this bread when we go with faith to holy sacrament of our Lord's body. And now to-day because of this feast-day and Christ's birth, men should receive Christ's body in the holy communion in honour of the Saviour who came near to us at his birth. And if you have learnt of these good tidings, you should go often to the holy communion as a healing for your souls even as is done in all places where Christianity is well observed. You people should know and intelligently understand why or wherefore you are created for this short life, or what

iwende æfter þissum life. Eow is mucel neod þ ȝe on eowre mode icnawæn þone [fol. 156 b] lifiȝende God, 7 on him ilefæn, [7] þ ȝe éac smeaȝen embe eowre aȝene sawle, þ ȝe sum þing cynnon bi
4 hure cynde. Heo is unseȝenlic, 7 heo sylf beræð all þone lichame 7 him liffæst, þa hwile þe heo bið on þam buce wuniȝende. 7 þone heo út gæð, he went al to stence 7 to þam ylce duste þe [he] of isceapen wæs. Hé sceal swá ðeah arisan soðlice to life toȝeanes
8 his Drihtine on þam endenextæ dæȝe, 7 ædlean underfon alre his dæda. Þam mon is icundelic þ he lufie Gód. Hwæt is nú gód buton God ane? He is healic gódnes, 7 wé sceolen him lufien. We nabbæð nane godnesse buton hit us cume of Gode. 7 þeo
12 sawlæ áne is isæli 7 æþelboren, þeo ðe ðenne lufæð þe hýre swylc iscéop, þ heo on hyre andȝite hafeð Godes anlicnes, ȝif heo ileafful biþ. 7 God on hire wunæð þurh his gastlice ȝyfæ, 7 heo bið iwurðod mid his onwununge 7 Godes temple soðlice þurh ða
16 gastlice mihte. Ðe Almihtiȝ Scyppend ȝescepeð alle sawle swá Salomon wrat bi sawlæ 7 bi lichame, *Reuertatur puluis in terram suam unde erat et spiritus redeat ad Deum qui dedit illum.* Gewende þ dust, þ is, þe lichame, into þare eorðan þé hé ǽr of com,
20 7 wende þe gast to Gode þe hine ǽr sende. Eft God sylf cwæð þurh summe witegæ, *Omnem flatum feci ego*; þ is on Englisc, Ælcne gast ic wrohte. Eft is iwriten bi þam ylce þus, 'God sceawæþ þæs monnes sawle on him'; 7 Paulus þe apostol wrat on
24 his pistole, *Ipse Deus dabit omnibus uitam 7 spiritum*, þ is, 'God sylf ȝyfæð alle monnum lif 7 gast.' Alle þa leafulle fæderæs ðe Godes lare writon untwylice sædon 7 ȝehwær lærdon on þam haliȝc circean þ God sceawæþ ælces monnes sawlæ. 7 þeo sawle nis ná
28 of [his] aȝenes icynde. Gif heo wære of Godes aȝene cynde inumæn, witerlice ne mihte heo suneȝien. Uðwiten, þ beoð wisæ laréowæs, secgæð þ ðare sawle ȝecunde is þreofeald: an dæl on hire is wilniȝendlic, oðer [yrsigendlic, ðriddæ] sceadwislic. Tweȝen
32 þisseræ dæle habbæð deor 7 nyten mid us, þ is wilnunge 7 yrre: þe mon áne hæfæð ȝescead, 7 ræd, 7 andȝit. Wilnung is þam men iȝefæn to wilniȝenne þa þing þe him fremiæð, to nýtwurðon þingæ,

20 h *erased before* ǽr.   22 Ælcne] Æl^cne *MS.*
31 oðer] oðræ *MS.*

you will be changed into after this life. There is much need for
you to recognize in your hearts the living God, and believe on him,
(and) also to think about your own soul, in order to learn something about its nature. It is invisible, and it supports all the
body of itself and quickens it, the while that it is dwelling in the
frame. And when it passes out, this all turns into stench and into
the same dust which it was made from. However, the body must
surely arise, living, to meet its Lord on the last day, and have
reward for all its deeds. It is natural for man to love what is
good. Now what is good except God alone? He is a sublime
excellence, and we must love him; nor have we any excellence
unless it comes to us from God. The soul alone is blessed and
nobly born, that loves him who made it thus to have in its understanding an image of God, if it is faithful. And God dwells in it
through his spiritual grace, and it is honoured by his presence
in it, and is God's temple truly through his spiritual power.
The Almighty Creator calls all souls into existence, as Solomon
wrote concerning the soul and the body, *Revertatur pulvis in
terram suam unde erat et spiritus redeat ad Deum qui dedit illum.*
Let the dust, that is, the body, return to the earth whence it first
came, and let the spirit return to God who sent it before. Again,
God himself said by a certain prophet, *Omnem flatum feci ego*;
that is, in English, 'I have made every spirit.' Again, it is thus
written on the same point, ' God beholdeth man's soul in him '; and
Paul the apostle wrote in his epistle, *Ipse Deus dabit omnibus
vitam et spiritum,* that is, 'God himself shall give to all men life
and spirit.' And all the pious fathers who wrote of God's doctrine
said emphatically and everywhere taught in holy churches that
God gives the souls of all men. But the soul is by no means of
his (God's) own nature. If it were derived from God's very own
nature, obviously it could not sin. Philosophers, that is, wise
teachers, say that the nature of the soul is threefold; one part
of it is characterized by desire, the second (by anger, the third) by
reason. Two of these parts brutes and animals have in common
with us, namely, desire and anger. Man alone has reason, forethought and understanding. Desire is given to man for his
desiring things that are profitable to him, for practical matters, and

7 to æce hæle. Þonne ȝif þeo wilnung miswent, þonne acenneð heo ȝifernesse 7 forliȝer 7 ȝitsunge. Urre 7 wræþþæ is þare sawlæ ȝeiȝefan, for þi ꝥ heo sceal ursien 7 wræðþiæn áȝean sunnæn, 7 ne 4 beon ná sunnen underþeod. Forþon ðe Crist cwæð. 'Ylc þære þe sunnæ wurcæð is þare sunne ðeow.' Gif ꝥ urre bið on yfel iwend, þonne cymeð of þam unrodnesse 7 æmelnes. Gescéad is iȝefan þare sawle to wissiȝenne 7 to steorene hire aȝene lif 7 alle 8 hire dæda. Of þam ȝesceadæ, ȝif hit miswend þonne cymeð þerof modiȝnes, 7 idelȝylp. Gescead wæxæð on cildrum na þeo sawlæ; ac þeo sawlæ ðihð on meȝenum 7 ne bið na mare þonne héo æt frummen wæs, ac bið bætere; ne heo ne underfehð lichamlice 12 mucelnesse. Ðeo sawle hafeð, swa wǽ ær sædon, on hyre cunde þare halȝæ Þrynnesse anlicnesse, on þam heo hæfð ȝemynd, 7 anȝit, 7 willæn. An sawul is, 7 an lif, 7 an edwist, þe ðas ðreo þing hæfð on hyre. [fol. 157] 7 þas ðreo þing ne beoð na ðreo lif, ac 16 án; ne þreo ædwist, ac án. Þeo sawle, oððé ꝥ lif, oððe þeo edwist beoð icwædene to hyre sylfre; 7 ꝥ mynd, oððe ꝥ anȝit, oððe þé willæ beoð icwædene to summe þingæ edlesienlice; 7 þas ðreo þing habbæð annesse bitweonan heom. Ic underȝite ꝥ ic 20 wulle underȝyten 7 þencean, 7 ic wulle ꝥ ic underȝite 7 mune. Der ðe ꝥ imynd bið, þær bið ꝥ anȝit 7 þe willæ. Uton nu bihealden þa wunderlice swiftnesse þare sawlæ. Heo hafæð swa mycele swiftnesse, ꝥ heo on ane tid, ȝif heo wyle, bisceawiæð 24 heofenum 7 ofer sǽ flyhð, lond 7 burȝa ȝeondfaræð. 7 alle þas þing mid þohte on hire sihðe isétt, 7 swa raðe swa heo iheræð þare hurȝe name þe heo ær cuðe, swá ræðe heo mæȝ þa burh on hire þohte sceawian hwylc heo bið. All swa bi ȝe[hw]ylce þinge þe heo 28 ær cuðe oðer ne cuðe; heo mæȝ on hire mode sceawiæn þonne héo hereð bi þam specæn; 7 swá styriende is þe sawle ꝥ heo forþam on slepe ne stilð. Ac þenne héo smeað bi ane þinge, ne mæȝ

2 wræþþæ] wræþdæ *MS.*   8 Of] On *MS.*
9 na þeo] na ᵒⁿ þeo *MS.*   13 Þrynnesse] Þrymme *MS.*
17 sylfre] sylfne *MS.*   20 mune] munen *MS.*
22 swiftnesse] swiftneˢse *MS.*
23 swiftnesse] swiftnesse *MS. with the erasure of a letter (first part of* m ?) *after the* f.
28 heo] heᵒ *MS.*   30 þinge, ne] þinge 7 ne *MS.*

for his eternal salvation. For if the desire goes astray, it gives rise to gluttony and unchastity and avarice. Anger and wrath are given to the soul, because it must be angry and wrathful against sins, and not be subject to sin; because Christ said, 'Every one who doeth sin is a servant of sin.' But if the anger is wrongly directed, then comes misery and sloth thereof. Reason is given to the soul to guide and direct its own life and all its actions. From reason, if it is abused, then comes pride and idle boasting. Reason, but not their soul, grows in children; the soul, however, increases in virtue and yet is not greater than it was at first, but is better; nor does it receive bodily magnitude. The soul has, as we have said before, in its nature the likeness of the holy Trinity because it has memory, understanding, and will. There is one soul, one life and one substance having these three things in it. And these three things are not three lives but one; and not three substances but one. 'The soul', 'the life', 'the substance', are terms which refer to the soul in itself; 'the memory', 'the understanding', 'the will', are terms which express its relation to something; and these three things have unity amongst themselves. I understand what I will to understand and to think of, and I will what I understand and remember. Where memory is, there is understanding and desire. Let us now notice the wonderful swiftness of the soul. It has such great swiftness that, if it will, at one and the same time, it contemplates the heavens and flies over the sea and journeys through lands and cities. And it sets all these things with thought in its vision, and as quickly as it hears the name of a town that it knew before, so quickly can it behold that town in its thought such as it is. Even so in all matters which it knew or did not know of before; when it hears them spoken about, it can look on them in its mind; and so active is the soul that it does not even rest in sleep. But when it is thinking about one thing, it cannot during that time

heo þa hwile bi oðre þingum smeaȝen, ac bið ibysgad mid þam anum þinge, oððet þ ðoht tewite 7 oðer cume. Witodlice God Almihtiȝ wat alle þing togædere, 7 alle he hafð on his andweald-
4 nesse, þ is ætforen his isihðe; 7 heo beoþ æfre ætforen his isihðe, 7 næfre him uncuðe. 7 þis is ðet icwædon is, þ God is æȝhwær [ofer] all; for þam ðe alle þa þing þe æfre wæron, oððe nu beoð, cððe þa ðe towarde beoð, alle heo beoð on Godes sihðe andwearde,
8 ná æne, ac æfre. Þeo sawle soðlice is þæs lichames lif, 7 þare sawle lif is Gód.   Gif ðeo sawle forlete þone lichame, þone swelt þe lichame; 7 ȝif God forlet þa sawle, þonne swelt heo on þam swartan dæle, swa ðet heo bið forloren þam ece life; 7 swa ðeah
12 nefre ne endæþ on þam ece pine. Ðés dæþ hire ilympeð, ȝif heo let rixiæn on hire þa wilnunge 7 þ yrre swiðor þonne þ ȝescead, þe hire wissiæn sceal to weldede á. Þurh þ ȝescead áne we beoð sæliȝre þonne þa unȝesceadwise nytene.   Mid twam wurðscipe
16 wurðȝode þe Almihtiȝæ Scyppend þæs monnes sawle, þ is mid eccenesse, 7 eadinesse; ac heo forleas þa ediȝnesse, þa ða heo gylte, 7 heo ne mihte þa eccenesse forleosen, forþam þe heo ne endæþ næfræ. Ðare sawle wlite is þ heo habbe þa mihte swa þ heo sunne
20 forbuȝe, 7 for þi heo bið atelic þurh sunne, ȝif heo him underlið. Þare sawle mihtæ beoð þas feower þing, þ is, *Prudencia, Iusticia, Temperantia, Fortitudo. Prudentia,* þ is snoternes, þurh þam heo sceal hire Scyppend understóndeu 7 hine lufian, 7 tosceadan god
24 fram yfele. Oþer mæȝen is *Iusticia,* þ is, rihtwisnesse, þurh þam heo sceal God wurðian 7 rihtlice libban. Þæt ðridde mæȝen is *Temperantia,* þ is metegung, mid þare sceal þeo sawle alle þing meteȝiæn, þ hit ne beo to swiðe ne to hwonlice. For þam hit is
28 iwriten, *Omnia nimia nocent,* þ is, 'Alle oferdóne þing deriȝæð.' Witerlice meteȝung [fol. 157 b] is alræ mæȝeue moder. Þæt feorðe mæȝen is *Fortitudo,* þ is strenhðe oððe anrednesse, þurh þam sceal þéo sawlæ forbæren arfoðnesse mid anrede mode, for Godes

---

2 þinge] þingū *MS.*   8 lichames] lichame² *MS.*
11 swartan] *the* t *over the erasure of another letter.*
20 *After* atelic *there is an erasure of* ȝif.
31 arfoðnesse] arforðnesse *MS.*
31 anrede] anRede *MS., the* r *being altered from another letter.*

think about other things, but is occupied with the one thing, until that thought pass and another come. God Almighty, however, knows of all things at once; and he has all in his power, that is, before his view; and they are always before his view and never unknown to him. And therefore this is what is meant by saying that God is omnipresent; because all things which ever have been, or are now, or are to be in the future, are all present to God's sight, not only once, but always. The soul indeed is the life of the body and the life of the soul is God. If the soul leaves the body, the body dies; and if God leaves the soul, then it dies in the dark pit, so that it is deprived of the eternal life; and yet it never comes to an end in the eternal torment. This death comes to it if it has allowed to prevail in itself desire and anger more than reason, which always ought to guide it to good conduct. Through reason alone we are more blessed than the irrational brutes. The Almighty Maker has enriched the soul of man with two distinctions, that is, with immortality and blessedness; but it sinned when it forfeited the blessedness, and it could not forfeit the immortality, because it has no end. The beauty of the soul consists in its having power to avoid sin, and therefore it becomes ugly through sins, if it gives way to them. The powers of the soul are these four things, namely, *Prudentia, Iustitia, Temperantia, Fortitudo*. *Prudentia*, that is, wisdom, by which it shall know its Creator, and love him, and distinguish good from evil. The second virtue is *Iustitia*, that is, righteousness, by which it shall worship God and live aright. The third virtue is *Temperantia*, that is, moderation, by which the soul shall moderate all things, that nothing be too excessive nor too meagre. For it is written, *Omnia nimia nocent*, that is, 'All excessive things are harmful.' Indeed moderation is the mother of all virtues. And the fourth virtue is *Fortitudo*, that is, strength or resolution, by which the soul must endure affliction with firm courage for the love of God, and never yield

lufe, 7 næfre deofle abuȝen to forwyrde. Ðas feower mæȝenæ
habbæð ænne kynehelm, þ is ðeo soðe Godes lufæ 7 monnæ; forþam
ðe þeo sawle is iseliȝ þe lufæð þone Scyppend þe hire iscóp, 7 hyre
4 iferan 7 wyle him fremiæn swá héo fyrmest mæȝ. Þeo sawle is
isceadwis gast, æfre quic, 7 mæȝ underfon æȝðer godne willæ 7 yfele
æfter hyre aȝene cúre. Þe wælwillendæ Scyppend lét hyre habban
hire aȝene cýres ȝeweald, þa wearð heo bi hyre aȝene willæ
8 iwemmed þurh deofles lare. Ac heo wearð æft álysed þurh Godes
ȝifu, ȝif heo Gode hyrsumæð. Heo is unseȝenlic 7 unlichamlic,
buton hefæ, 7 buton bleo, mid þam lichame bifangen, 7 on alle
limæ wuniende; ne heo ne mæȝ bi hyre aȝene mihte of þam
12 lichame faren. Heo is on boce moniȝfealdlice inemnod bi hire
weorces þeiȝnunȝum. Hyre nomæ is *anima*, þ is, sawul, 7 þe
nomæ bilimpæð to hyre lyfe; 7 *spiritus*, gast, belimpæð to hyre
ymbwlatunge. Heo is *sensus*, þ is, andȝit oððe félnes, þonne heo
16 fælæð. Heo is *animus*, þ is mod, þonne heo wát. Heo is *mens*,
þ is, eác mod, þonne heo understónt. Heo is *memoria*, þ is,
ȝemúnd, þonne heo imynæð. Heo is *ratio*, þ is, ȝescéad, þonne
heo toscéat. Heo is *uoluntas*, þ is willæ, þonne heo hwæt wyle.
20 Ac swa ðeah alle þæs nomen beoð an sawle. Þe apostol Paulus
todælde þæs gastes nomen 7 þæs modes, þus cwæðende. *Psallam
spiritu, et psallam mente*; þ is on Englisc, 'Ic singe mid gaste, 7 ic
singe mid mode.' Hé singæð mid gaste þe ðe cleopað þa word mid
24 muðe 7 ne understont þæs anȝites tacnunge; 7 þe singæð mid
mode þe þe þæs angites tacnunge understont. Þeo sawle is þæs
lichames læfdi, 7 heo wissæþ ða fif anȝite þæs lichames swá swá
of kynesetle. Ða anȝite beoð þus ihaten: *Visus*, þ is sihð:
28 *Auditus*, þ is lúst: *Gustus*, fondung on þam muðe; *Odoratus*,
þ is stenc on þære neosæ; *Tactus*, repung, oðer grapung on alle
limæn, 7 þæh ȝewunelycost on þam hondæn. Ða fif anȝite wissæð
þa sawle to hire willæ, 7 hire ȝedafenæð þ heo swá swá læfdi
32 ȝeornlice foresceawie hwæt heo ȝehwylcum limum iþafiȝe on wil-

3 After þone *two or three letters erased.*
14 spiritus] sps̄ *MS., lower half of the* p *like* w.
23 cleopað] e *apparently altered from another letter.*
24 singæð] sinhg *MS.*   25 tacnunge] tacnūge *MS., with* g *altered from* n.
25 understont] undestont *MS.*   25 þæs] pæd *MS.*

to the devil and perish. These four powers have one crown, that is, the true love of God and men; because the soul is blessed that loves the Creator who has made it and its fellows and wishes to do good to them as best it can. The soul is a rational, ever-living spirit, and can start on both a good and an evil purpose according to its own choice. The benevolent Creator allowed it to have the power of its own choice, and therefore through its own will it has been defiled by the instigations of the devil. But it has been saved again by the grace of God, if it is obedient to God. It is invisible, incorporeal, without weight, and without colour, surrounded by the flesh and present in all the limbs; but it cannot by its own means pass from the body. In books it has different names according to the function it fulfils. It is called *anima*, that is, soul, and the name refers to its life; and *spiritus*, that is, spirit, belongs to its (power of) contemplation. It is *sensus*, that is, understanding or sensation, when it perceives. It is *animus*, that is, mind, when it knows. It is *mens*, that is also mind, when it understands. It is *memoria*, that is, memory, when it remembers. It is *ratio*, that is reason, when it reasons. It is *voluntas*, that is will, when it desires anything. However all these names constitute a single soul. The Apostle Paul distinguished the names of the spirit and of the mind, thus saying, *Psallam spiritu et psallam mente*, that is, in English, 'I will sing with the spirit, and I will sing with the understanding.' He sings with his spirit who utters the words with his mouth and does not understand the force of the meaning; and he sings with his understanding who understands the force of the meaning. The soul is the mistress of the body, and it guides the five senses of the body as from a throne. The senses are thus called: *Visus*, that is, sight; *Auditus*, that is, hearing; *Gustus*, tasting in the mouth; *Odoratus*, that is, smelling in the nose; *Tactus*, touching or feeling with all limbs, but most usually with the hands. These five senses does the soul govern after its own will, and it is its

nunge his icyndes, þ ðær nan þing unþeawlices ne bilimpe on nanes limes þeiȝnunge. Swá swá God Almihtiȝ oferstihð alle sceaftæ, swá oferstihð þeo sawle alle lichamlice sceaftæ mid
4 wurðfulnesse hyre cyndes, 7 nan lichamlic sceaft ne mæȝ beon wið hyre imeten. We cwædon ær þ heo wære buton bléo, for þam þe heo nis ná lichamlic. On lichame bið bleo, 7 þeo sawle bið iwlitegod swá heo on worlde ærnode. Be þam cwæð Crist on his
8 godspelle, *Tunc fulgebunt iusti sicut sol in regno Patris mei;* þ is on Englisc, 'Þonne scinæð þa rihtwise swá swá sunne on heore Fæder rice.' Witerlice þa sunfulle beoð heoræ yfele weorce ilice. Nis þeo eorðung þe we út blawæð 7 in ateoð úre sawle, ac is þeo
12 luft þe alle lichamlice þing on libbæð. Oft bið þeo sawle on áne þinge oððe on áne þohte swá bisiȝ, þ heo ne ȝemeð hwá hyre ȝehende byð [fol. 158] þeah heo on lokie; ne ðeah heo summe stefne ihyre, heo hit ne understont; ne þeah hire hwá rine, heo
16 hit ne fæleð. Hwylon heo bisoreȝæð hire lichames sarnesse, hwilon heo glædeþ on gode limpum; hwilon heo þenchæþ þa ðing ðe héo ær cuðe, hwilon heo wyle witan þa ðing þe heo ær ne cuðe. Sum þing heo wyle, sum ðing heo nyle; 7 alle lichamlice héow,
20 héo mæȝ on hire sylfæn hiwæn, 7 swá iheowed on hyre mode healden. Þare sawle wille is, þ heo wisdom lufiȝe,—ne þene eorðlice wisdóm, be þam ðe is iwritæn, *Sapientia huius mundi stulticia est apud Deum*; þ is on Englisc, 'Þisses middaneardes
24 wisdom is stuntnesse ætforen Gode,'—ac þene wisdom heo sceal leorniȝen, þ heo lufie God 7 hine æfre wurðie on alle hire weorcum, 7 þa þing leornie þe God liciæð, 7 þa ðing forlæten þe him laðæ beoð. Þés wisdom is iwriten on haliȝe bocum 7 þus is icwædon,
28 *Omnis sapiencia á Domino Deo est*; 'Ylc wisdom is of Gode.' Forþi ylc mon is nu eadiȝ 7 sæliȝ þe for Gode wis bið, 7 ȝif he his weorc mid wisdome wurceð. Be þam cwæð þe eadiȝ Iob, 'Þæs monnes wisdom is arfestnes, 7 soð inȝehyd þ he yfel forbuȝe.' Witerlice
32 þ is soð wisdom þ mon wilniȝe þ soðe lif on þam þe he mæȝ æfre

---

15 *Over* rine *is written vel* reppe.
16 bisoreȝæð] e *altered from another letter.*
18 ðe héo MS., *with the erasure of a letter after* ðe.
20 mæȝ] æ *altered from* a.

duty, as mistress, to arrange carefully how much of its particular
bias it will allow to each limb, that nothing wrong happen in the
function of any member. Even as God Almighty surpasses all
creatures, so the soul surpasses all bodily creatures in the excellence
of its nature, and no bodily creature can be compared with it.
We said before that it was without colour, because it is incorporeal.
Colour exists in the body, but the soul is beautified as it has
deserved it in the world. Concerning which Christ said in his
gospel, *Tunc fulgebunt iusti sicut sol in regno Patris mei*; that is,
in English, 'Then shall the righteous shine like the sun in their
Father's kingdom.' Truly the sinful are like their evil deeds.
The breath we exhale and breathe in is not our soul, but it is the
air which all corporeal things exist on. The soul is often so
occupied with one matter or one thought, that it does not mark who
is near at hand, though it is looking on him; nor though it hears
a voice does it understand it; nor though some one touch it, does
it feel this. Sometimes it is troubled with its body's pain,
sometimes it is rejoicing in prosperity; sometimes it is thinking
on things which it knew of before, sometimes it seeks to discover
things which it did not know of before. Some things it desires,
other things it avoids; and all bodily forms it can picture within
itself and keep them so pictured in its mind. The desire of the
soul is that it should love wisdom,—not the earthly wisdom con-
cerning which it is written, *Sapientia huius mundi stultitia apud
Deum*, that is, in English, 'The wisdom of this world is foolish-
ness before God,' but it must cultivate wisdom so as to be
always loving God and always glorifying him in all its works,
studying the things which are pleasing to God and forsaking the
things which are hateful to him. This wisdom is mentioned in
holy books; and thus it is said, *Omnis sapientia a Domino Deo est*,
'All wisdom is from God.' Therefore every man is now happy
and blessed who is wise before God, and if he performs his task
with wisdom. Concerning this, the blessed Job said, 'The wisdom
of man is piety, and true understanding is to leave evil.' Certainly
it is true wisdom that man should desire the true life in which he

libban on muɪhðe mid Gode, ӡif he hit on þissere worlde ærnæð.
To þam us læde þe leofæ Drihten Crist, þe þe is soð wisdom 7
sawle lif; þe ðe mid his éce Fæder, 7 mid þam Halӡæ Gaste leofæð
4 7 rixæð ã on ecenesse. AMEN.

[X]

[Fol. 158, l. 16.]

Men þa leofestæ, we wullæð eów sæggæn bi þare halӡæ tide þe nú toweard is, þe we onsundren mare fæsten 7 mare forhæfdnesse on habbað, þonne on oðre tide ӡemænelice; þonne do we þ to bote 7
8 to clænsunge úre sawlæ, 7 eac for þam þe Crist sylf us þæs fæstenes bysne onstealde. Hit is iwriten þ þe Hælend sonæ æfter his fuluhte ferde on sume wæsten 7 þǽr festæ feowertiӡ daӡe 7 feowertiӡ nihtæ togædere ær þam þe hě moncyn ofer all openlice lærde. Ne fæste
12 he ná forþan ðæt he æfre æniӡ sunne wrohte þ he mid þam festen beten þurfte. Ac he feste þ he walde monncynnes sunnæn hælen 7 alesæn, 7 ús bisne onstællæn, þ wé witen þæt ælc þare mannœ þe ðencþ þ he ða heofenlice murhþe biӡete, þ he sceal nu þurh
16 festen, 7 þurh ælmes, 7 þurh lomlice ӡebeden, 7 þurh lichamlice forhæfdnesse, hér on weorlde earniæn; 7 na þurh ӡifernesse, ne ðurh druncennesse, ne ðurh lichamlice lustæs. Crist þolede eác on þam wæsten þene áwariӡede deofel hine fandiæn, swá we nú héræfter sec-
20 gæn wullæð. Sanctus Matheus wrat, þe godspellere, þis dæӡþerlice godspel æfter þissere endeburdnesse, þus cwæðende. *Ductus est Ihesus in desertum á Spiritu ut temptaretur á diabolo.* He cwæð, 'Þe Hælend wæs ilæd fram Gaste on wæsten þ he were ifondod of deofle.' Monie
24 men tweoniæð fram hwylce gaste Crist wære on þ westen ilæd, nú hit swa cuðlice on þissum godspellicæn lare sæӡð þ ðe wariӡede deofel hine þær swa openlice costniæn ongón. Hit is buton tweon to lyfen 7 ӡeare to witenne [fol. 158 b] þ ðe Haliӡe Gast him
28 wunsumlice on þ wæsten lædde, 7 þæt he sylfwilles þider ferde þ he wolde deofle þa durstinesse ӡyfæn þ he him þær costniæn ongón. Na for þám þ þe deofel hæfde æniӡ fare to úre Hælende oðer his mæð wære þ he him ahwær on neawste come, ӡif he hit for ure lufe

---

6 forhæfdnesse] for ouer hædfnesse *MS*.
29 costniæn] *the* t *altered from another letter.*

can always live in happiness with God, if he merits it in this world. To this may the dear Lord Christ lead us, who is true wisdom and the life of the soul; who with his eternal Father and with the Holy Ghost liveth and reigneth for ever and ever. Amen.

X

DEAREST men, we wish to speak to you about the holy time which is now approaching, during which we especially have more fasts and more abstinences than are usual at other seasons. And let us do this for an amending and for a purification of our souls, and also because Christ himself has set the example of fasting for us. It is written that the Saviour immediately after his baptism journeyed into a certain wilderness, and there fasted forty days and forty nights continuously, before he publicly instructed mankind everywhere. He did not, indeed, fast because he ever had done any sin that he had to atone for with fasting; but he fasted because he would heal and redeem the sins of mankind and set an example for us, in order that we might know that every man, who means to obtain the heavenly bliss, must now by means of fasting, and by alms-giving, and by constant praying, and by bodily abstinence, merit it here in this world; and not by gluttony nor by drunkenness, nor by lusts of the body. Christ also suffered the accursed devil to tempt him in the wilderness, as we shall hereafter relate. St. Matthew the Evangelist wrote this gospel for to-day, setting forth the narrative thus, *Ductus est Iesus in desertum a spiritu ut temptaretur a diabolo.* He said, 'The Saviour was led by the Spirit into the wilderness that he might be tempted by the devil.' Many men feel doubt as to what spirit Christ was led into the wilderness by, now that it says thus definitely in this gospel's narrative that the accursed devil did tempt him there thus openly. It is to be believed without a doubt and definitely to be understood, that the Holy Ghost led him with joy into the wilderness, and that he himself went there of his own accord, because he would allow the devil the presumption to try to tempt him there. Not that the devil might have any approach to our Saviour or that his power was that he might come anywhere near him unless he had suffered it for love

ne ȝeðafede. Ac he hit dude ure life to bisene þ he wælde þ wé
wisten hú eaðelice he þene deofel ofercom—ná mid his godcunlice
mihte áne, ac mid þare mænniscæ rihtwisnesse. Swá eac nú mæȝ
4 ealc mon deofel ofercumen, ȝif he on rihtwisnesse 7 on gode weorcum
his lif adrihð. Ða sonæ þa ðe Hælend on þ wæsten becóm, þa fæste
hé feowertiȝ daȝa 7 nihte togædere; 7 æfter þam he sæȝde þ hine
hingrede. Witerlice on þam hit wæs fulcuð þ he hæfde soðne
8 lichame þa him hingriæn mihte. Hit is iwriten on þare ealde laȝe
þ twæȝe men herbiforen þis fêsten festen. Moyses feste feowertiȝ
daȝe 7 nihte togedere þa he wæs on Synai þære dune æt Drihtines
spece; 7 Drihten him sealde þa ealde laȝe þe he mid his aȝene fingre
12 wrat on twam stænene bræden, 7 þam folce sende, 7 het þ heo alle
þeræfter lyfedon. Elias þe witegæ feste eác þ ilce fêsten feowertiȝ
daȝe 7 nihtæ tosomme, æfter þan ðe he æt þene mæte ðe þe engel
to him brohte, 7 he wearð þá þurh ðone mete istrongæd swa þ he
16 þæt fæsten feste. 7 æfter þam fæsten he wearð mid wisdomes gaste
ifulled, 7 him þa toweardæn þing unwreah 7 swytelode, þ he héom
wiste swa ȝeare swá þá ðe hé on andweardnesse iseah. Nu eft on
þis ytemeste tide þe Hælend hine eadmedede to þam þ he þis ylce
20 fæsten feste feowertiȝæ daȝæ 7 nihtæ togadere. For hwón nolde
þe deofel fanden Moysen 7 Heliam swa he ure Hælend fondode,
buten for þon ðe he underȝeat þ heo mennisce men wæren, 7 þurh
Adames gult ibundene, 7 eác þ héo on summe þinge isyngod
24 hæfden? For næs næfræ nán mon on þisse middænearde swa haliȝ,
þ he on summe þinge ne sunegode buten Crist áne, þe ðe is soð God
7 soð món; him næs næfre nán sunne ón. Ac þa ðe deofel com to
him, þá iseah hé þ hé hæfde soðne lichame 7 þ he wæs unilic ælle
28 oðre monnum þe hé on middænearde eafre imette, 7 þ on him næs
nare synne wém. Þa ondredde þe deofel þ hit wære—swa swa hit
wæs—þæs lifiende Godes Sune, 7 þohte þa þ he walde mid þare
costunge fonden hú hit wære. Bér þá tó him þa ylce costungæ þe
32 hé þá ereste men Adam 7 Euam mid forcostode 7 biswáác, 7 his

4 deofel] *a stroke over o.*
5 adrihð] aðrihð *MS., with the stroke over the first ð partially erased.*
6 feowertiȝ] *a letter erased after o.*   12 sende] senden *MS.*
14 *Over æt is written* þiȝede *in the same hand.*   23 Adames] Adame' *MS.*
26 deofel] dôfel *MS.*   32 hé] *the* e *altered from* a *or* æ?

to us. But he did this as an example for our way of living, because he wished us to understand how easily he overcame the devil—not with his divine power alone, but with human righteousness. So, too, every man can now overcome the devil, if he passes his life in righteousness and in good deeds. As soon as the Saviour came into the wilderness, he fasted forty days and nights together; and after that he said that he hungered. Truly by this it was demonstrated that he had a real body, since he could feel hunger. It is written in the Old Testament that two men had kept such a fast as this before. Moses fasted forty days and nights as well, when he was on the hill of Sinai at speech with the Lord. And the Lord gave him the Old Law, which he wrote with his own finger on two stone tables and delivered to the people and commanded them all to live according to these. Elias the prophet also fasted that same fast, forty days and nights together, after he had eaten the food that the angel brought him, and he was then strengthened through the meat so that he might make that fast. And after the fast he was filled with the spirit of wisdom, and it revealed and made known to him the things to come, so that he knew them as well as those he saw in his presence. Now again on this, the last occasion, the Saviour humbled himself so that he fasted this same fast of forty days and nights together. Why would not the devil tempt Moses and Elias just as he tempted our Saviour, except because he understood that they were human beings and fettered by Adam's guilt, and also that they had committed sin in some way? For there has never been any one in this world so holy that he has not sinned in some way except Christ alone, who is the true God and true man; and there was never any sin in him. But when the devil came to him, he saw that, with a real body, he was unlike all other men whom he had ever met in the world and that in him was the stain of no sins. Then the devil feared that this might be—as it actually was—the Son of the living God, and he thought that he would try by temptation whether it were so. Then he brought to him the same temptations with which he tempted and deceived the first human beings, Adam and Eve, and had power over them as he wished; this was by gluttony, and avarice,

wylles weald on him æhte; ꝥ wæs þurh ʒifernesse, 7 ʒytsunge, 7 ydelʒylp. Þá wolde Crist þone awariede deofel ofercumen on þam ylce þrem costunge þe ðe deofel ær þa éreste men mid biswáác.
4 Ða neahlæchede þe deofel to þam Hælende 7 cwæð to him, 'Gyf þu éart Godes Sune, hát ꝥ þæs stanes to lafes wurðen.' Næs Criste nán earfoðnesse ꝥ he þa stánes mid his worde to lafes wrohte; for ʒif he hit icwæde, hit wære sone iworden, 7 þenne wiste ðe deofel
8 ful wisslice ꝥ he wære þe ylce Drihten þe þe æt frymðe wæs, þa þa he alle sceafte iscéop 7 wrohte; 7 he cwæð, 'Gewurðe liht,' 7 þa wæs sone iworden liht; 7 swa hé [fol. 159] alle sceafte iscop 7 iwrohtæ; þenne he walde ꝥ héo weren, þenne weron heo sonæ.
12 Þá nolde þá ʒyt Crist haten ꝥ ða stanes to lafes wurðen, ac he walde ꝥ his godcundlice miht wære ʒyt þam deofle bihúd, þæh heo wære him æft ful stronge iopenod: 7 he þá þuldelice to him spéc 7 þus cwæð, 'Hit is iwritæn; ꝥ monnes lif ne bið ná on lafe áne, ac bið
16 on ælc þare worde þe of Godes muðe forþstepð.' Hwæt wé witen ꝥ monnes lichame sceal bi mete libban, þa hwile þe he on þisse life bið; swá sceal eác þeo sawle libbæn bi Godes worde—þæt is ꝥ héo sceal Godes lare ʒeorne lystæn, 7 his bode æfre healden—ʒyf heo
20 sceal ꝥ ece lif habben. Ðá nám þe deofel þene Hælend on þære halʒan buriʒ 7 sette hine ofer þæs temples yppan þær þære larþeawselt wæs. Hit þuncþ moniʒe monnum wunderlice to herenne, 7 eác uneaðelic to lyfene, hú deofel æfre þa durstinesse hæfde ꝥ he Cristes
24 lichame ætrinæn durste, oðer forðen ꝥ he him on neawste cumen moste. Ealæ! ʒif we wullæþ iþencean his oðre dæde þe mucele mare 7 eadmodlicre beoð, þenne maʒe wé þisses þe æð ilyfæn. Crist is alle haliʒe monnœ heafod, 7 alle haliʒe mén beoð his limen:
28 7 deofel is eác alle synfulle monnœ heafod, 7 alle sunfulle mén beoð his limen. Soðlice þá Iudeus wæren alle deofles limen, þa ðæ ure Hælend to deaþe demdon. Pilatus wæs eác deofles lim, þe ðe úre Drihten lichamlice áhón hæt. Hwylc wunder wæs þenne þeah Crist
32 ðá durstinesse deofle sealde ꝥ he his lichame rinæn moste, þa he walde þurh deofles lime ꝥ is þurh sunfulle monnœ honden lichamlice

12 ꝥ ða] þ ꝥ ða MS.   18 worde] wordes MS.   27 haliʒe] haliʒe MS.
28 is] MS. is with s altered from c.   29 wæren] æ altered from a.
30 Over úre the upper part of a letter (f or s?) has been erased.
32 deofle] deofel MS.

and vainglory. Thus Christ wished to overcome the accursed devil in the same three temptations with which the devil had ensnared the first human beings before. Then the devil came near to the Saviour and said to him, 'If thou art the Son of God, command that these stones be changed to bread.' It was no difficulty for Christ to make the stones into bread with his word; for if he had spoken it, it would have happened immediately, and the devil then would have known full well that he was the same Lord who was at the creation, when he made and fashioned all creatures; and he had said, 'Let there be light,' and there was light at once; and thus he had made and fashioned all things; when he wished them to exist they appeared at once. Then Christ would not yet command the stones to become bread, but he desired that his divine power should be still concealed from the devil, although it was afterwards full mightily revealed to him. So he then spoke to him with patience and thus said, 'It is written that the life of man shall not be by bread alone, but by every word which proceedeth forth from the mouth of God.' Now we know that man's body must live by food the while that he is in this life; so too must the soul live by the word of God; that is, it must earnestly hear God's teaching and always keep his commands, if it is to have eternal life. Then the devil took the Saviour to the holy city and set him over the pinnacle of the temple where the pulpit was. It will seem to many men strange to hear, and also hard to believe, how the devil ever had the presumption to dare to touch Christ's body, or even that he was able to come near him. Now if we will consider his (i.e. Christ's) other acts that are much greater and more humiliating, we can believe this the more easily. Christ is the head of all holy men, and all holy men are his limbs; and the devil is also the head of all sinful men and all sinful men are his limbs. Truly the Jews were all limbs of the devil who condemned our Lord to death. Pilate, who commanded our Lord to be hanged in the body, was also one of the devil's limbs. What wonder was it, then, if Christ allowed the devil the presumption to touch his body, when he would through the devil's limbs,—that is, through the hands of sinful

deaþ ðrowiæn? Ealæ! hwæt þ wæs mucele mare 7 eadmodlicre
þonne þæs deofles ætrine, 7 hé hit þeah for monnœ hǽle þrowode.
Þa cwæð þe deofel to Criste, 'Gif þú eard Godes Sune, þenne asend
4 þu nu þe adún of þissere uppon: for þam hit is iwriten bi Godes Sune;
þ he beodeþ his englum bi þe þ heo þe on heoræ handen habbæð þ ðin
fot ne ðurfe forðon æt stane spurnen.' On þesne ænne godspel we
rædæþ þ deofel ongan haliȝe bec to reccan, ah he þa sone þone forme
8 cwide leah,—swa him ealc lyȝe, 7 elc leasunge bilimpð. Næs hit næfre
sunderlice bi Criste iseid þ him sceoldon englæs on fultume cumen: ac
hit wæs isungen 7 iwriten bi haliȝe men 7 bi haliȝe sawlen. For þan
þe englæs beoð heom on fultume hǽr on weorlde; 7 æft þenne heo of
12 þisse lifæ faræð, þonne cumæð heo þær sonæ þam sawle to hælpe 7
to burȝene 7 heom scyldæþ wið hearde stane, þ is deofel, þ heo næfre
æt þam ne spurneð; ac þa englas healdæþ heom wið his yfel 7
wið his niþes grymnesse. Ða andswerede Crist þam awariȝede gaste
16 7 cwæð to him, 'Hit is iwriten, þ mon ne sceal ofer[h]iȝendlice his
Drihten God fondiæn.' Hwæt! Crist mihte eaðe mid ane worde
þenne deofel senden on éce lúre, ȝif he him his godcundæn mihte
cuþen wolde; ac he to him þuldelice spéc 7 hine ofercom mid
20 mennisce rihtwisnesse, ná mid þam anwealde his godcundnesse.
[fol. 159 b] Ac he us þa bysene onstealde þ we sceolon yfelræ
mannæ háte 7 heora niþæs ðuldelice forberæn, 7 symle Godes bocæ
teachunge ȝeorne fylȝean. Eft þe deofel nam þonne Hælend 7 lædde
24 hine on áne swiðe heahne dune 7 sceawede him alles middæneardes
rice 7 his blisse. Witerlice næs Criste nohte wurð þisses midden-
eardes rices ne þysses witiȝendæn wuldres þissere weorlde bihýd
oþer forstolen, ac he alle ricen, æȝþer ȝe heofenlice ȝe eorþlicen,
28 wissæð, 7 alle isceaftæ on his weald hæfð, 7 heom alle æfter his
willæn reccæð 7 styreð. Ac þe deofel hæfde þeah mid leasunge
þurh his syncrefte middaneardes murhþe 7 all weorldlice feȝernesse
togædere æthiwod. Þeah hit ðenne allungæ mon wære þe him þǽre
32 wið speke, þenne mihte he þeah alle weorldlice feȝernesse togadere
iseon þurð deofles hywunge; for þam ðe ðe deofel mæȝ felæ þingæ
dwymorlice hywiæn before monnœ eaȝum, þonne him ilyfed bið.

16 ofer[h]iȝendlice] to feriȝendlice *MS.*
27 forstolen] *after* n *a* t *fainter than the rest can be read.*

men,—suffer the death of his body? Lo, that was much greater and more humiliating than the touch of the devil, and yet he endured it for the salvation of men. Then said the devil to Christ, 'If thou art the Son of God, cast thyself down now from this pinnacle; because it is written of the Son of God that he shall command his angels concerning thee, that they shall bear thee in their hands, that thy foot have no occasion even to strike on a stone.' Only in this gospel do we read that the devil tried to expound holy books, but he straightway falsified the first sentence, inasmuch as all lying and falsehood is natural to him. It was never said of Christ particularly that angels should come to his help, but it was sung and written concerning holy men and holy souls. For angels are here in the world to help them, and afterwards when they pass forth from this life, these come there at once to help their souls, and to protect and shield them against the hard stone, that is, the devil, so that they never strike against it; but the angels protect them from his mischief and from the fierceness of his spite. Then Christ answered the accursed spirit and said to him, 'It is written, that man shall not presumptuously tempt his Lord God.' Indeed, Christ with a single word could have easily sent the devil into everlasting perdition, if he had wished to make his divine power known to him. But he spoke to him with forbearance and overcame him by human righteousness, and not by the power of his divine nature. But he set us the example that we should patiently bear with the hatred of wicked men and their malice, and always follow earnestly the teaching of God's books. Again, the devil took the Saviour and led him on to a very high hill, and showed him the kingdom of the whole world and the bliss thereof. Truly the worth of the kingdom of this earth and of the present transitory glory of this world was not hidden or lost to Christ, but he rules all kingdoms both heavenly and earthly and has all things in his keeping, and directs and guides them all according to his will. But yet the devil had portrayed together with illusions by his specious arts the comeliness of the world and all worldly beauty. If it had been in all respects a man who spoke with him there, he could nevertheless have seen all the beauty of the world at once by means of the devil's portraying; because the devil can cause many things deceptively to appear before the eyes of men, when it is allowed him. Sometimes he shows himself in

Hwilon hé sceawæð hi*ne* seluen on engles hýwe 7 bið þeahweðere awariʒed gast swa swa he ǽr wæs. Ðá cwæð þe deofel to Criste, 'Alle þas ðing ic þe ʒyfe 7 sylle, ʒyf þu wult falle*n* to mine fotu*m* 4 7 wurhʒiæn me.' Elæ! hwæt ælc þare monnœ sarlice ʒefalleð þe hi*ne* nú to deofle ʒeeadmodeþ! Nis nan mou þ̄ æfre þam deofle ʒeorne ihýre, þ̄ he æft æt hi*m* þe bætere are finden maʒe; ac æfre swa he hi*m* nú ʒeornere hereð, swa he eft hi*m* grim*m*ere wurð, á þ̄ he hine 8 on ende on ecere yrmþe bringæð. Þa cwæð C*ri*st to þam deofle, 'Gá heonne [on] hinderling, þú awariʒedæ scéoccæ; soðlice hit is iwritæn; þ̄ mon sceal to Drihten ane hi*m* biddæn, 7 hi*m* áne þeowiæn.' Þa syðæn weron deofles mihtæ on hinderling áfulled, 7 12 Cristes lare wæs á syðæn waxende ʒeond þæsne middaneard, ærest þurh hi*m* syluen, 7 syðan þurh his ap*ostol*as 7 þurh þa haliʒe larþeowæs þe syðon wæren. Crist cwæð þ̄ mo*n* sceal to Gode Almihtiʒ áne biddan 7 hi*m* áne þeowian. Soðlice ne sceole we us 16 biddæn naþor ne to englu*m* ne to oþre haliʒe monnu*m*, buto*n* to ure Driht*ne* áne þé þé is soð God. Ac we sceolen þeah ælcne Godes halʒe biddæn to fultume, 7 to þingunge, 7 þeahhwæ[þ]re to nán oðre us ne biddan, buto*n* to þam áne þe is soð God. Ða forlet þe 20 deofel þene Hælend 7 awæʒ awát; 7 engles hi*m* sone neahlæcedon 7 hi*m* seruedon. On þis we maʒen openlice underʒyten ure Hælendes cynde, þ̄ hé is æʒðer ʒe soð God ʒe soð món. Iwislice ne durste þe deofel fondien hi*ne*, ʒif he ful ʒeare ne cneowæ þ̄ he wære soð món; 24 ne eác hi*m* englæs ne þenedon, ʒif he nære soð God. Ofte siþæs hit ilamp, 7 nú ʒyt deþ, þ̄ englæs beoð ofte hyder on middanearde isende, monnu*m* to hælpe 7 to fultume. Be þam cwæð þe apostol, 'Englæs beoð þeiniendlice gastes'; 7 heo beoð hider on middanearde 28 isende to þeiniʒen allæ þa*m* monnu*m* þe nu earniæn wyllæð mid gode weorcu*m* þ̄ heo to þære eadiʒnesse, þe éce is, bicumen moten. Mucel is þeo wurðscipe þe God Almihtiʒ us hafð iʒyfen, ʒif we moten beon his bearn icwædene 7 engle ilice, ʒif we nú his bodu [fol. 160] 32 healdæn wullæð. Uten ʒemunen hú þe ap*ostol* us munede 7 tæhte 7 lærde, 7 þus cwæð, 'Nú is þe anfenge tid, 7 nu beoð þe halwende

---

1 Hwilon] *the* 1 *altered from another letter.*   3 þas] þa³ *MS.*
14 Gode] *see note.*   23 wære] nære *MS.*   24 siþæs] þissæs *MS.*
30 wurðscipe] s *altered from* c.   32 ap*ostol*] apl̄a *MS.*

HOMILY X—LENT

the semblance of an angel and is nevertheless an accursed spirit just as he was before. Then said the devil to Christ, 'All these things I give and bestow upon thee, if thou wilt fall at my feet and worship me.' Ah! how wretchedly does every one fall who now humbles himself to the devil? There is no one who ever can obey the devil so well that he can obtain from him in return the more honour, but always the more zealously he now obeys him, the more cruel he is to him in return, until he finally brings him into everlasting misery. Then said Christ to the devil, 'Get thee behind, thou accursed spirit. Verily it is written, that man shall pray to the Lord alone and serve him only.' After that the powers of the devil were crushed into the background, and Christ's teaching was for. ever after made flourishing throughout this world; first by himself and then by his apostles and by his holy teachers who came after. Christ said that one shall pray to God Almighty alone and serve him only. Verily, we must pray neither to angels nor to other holy beings, but to our Lord alone, who is the true God. But still we should beseech each of God's saints for help and for intercession, and yet pray to none other except to him alone who is the true God. Then the devil left the Saviour and went away, and angels came to him at once and ministered to him. By this we can clearly understand our Lord's nature,—how he is both true God and true man. Truly the devil would not have dared to tempt him unless he had recognized full well that he was a true man, and angels too would not have served him unless he had been true God. Many a time has it happened—and it still does—that angels are frequently sent hither into the world to help and to assist men. Of them the apostle said, 'Angels are ministering spirits'; and they are sent hither into the world to minister to all the men who now desire to merit by good works their coming to the blessedness which is eternal. Great is the honour which God Almighty has given us, if we can be described as his children, and as like angels, provided that we now will keep his present commands. Let us remember how the apostle has admonished, instructed, and taught us thus, saying, 'Now is the acceptable time and now are the days of salvation,' when every man can merit for

daʒes,' ꝥ ælc mon mæʒ him seolfen ꝥ ece lif earniæn mid ure Drihtne, ʒif he his lif rihtlice libbæn wule æfter larþeowæs tæcinge. Ne sceole we nenne mon bylʒen, læs þe ure bene nē beo nōht; ac on alle
4 þinge ʒearwie wé ús sylfe swa swa Godes þeines, ꝥ is ærest on mucele þulde, 7 on dræfednesse, 7 on haliʒe wæcce, 7 on fēstene, 7 on clænnesse, 7 on þolemodnesse, 7 on clæne þonce, 7 on soðe lufe Godes 7 monnœ. Þás mæʒnú lædeþ þæs monnes sawle on heofene
8 rice þe heóm on him hæfð. Soðlice hit wæs iboden 7 ihaten on þare ealde ǽ ꝥ ylc mon sceolde æfre embe twelf monðe þone teoðe dæl his weorldæhtæ Gode syllen ; 7 hit is nú eác on þare niwæ laʒe æfter bocæ tæcinge rihtlic 7 Gode cwæmlic to donne. Gif hit
12 þonne hwylcum men on his móde to earfoþlic 7 to uneaþelic þynce, tylie he ꝥ he hyre þone teoþe dæl his daʒe for Gode feste. Hwæt we witen ꝥ on twelf monþe beoð þreo hundred daʒæ 7 fif 7 sixtiʒ daʒe, 7 six tidæ ; 7 þisses festenes is twea 7 feowertiʒ daʒene : 7 ʒif
16 we þa six sunendaʒæn of adoþ, þe we swæsendo on habbæþ, þonne ne beoð þær buton six ant þrittiʒ daʒene þæs fæstenes, þonne bið ꝥ þe teoþe dæl þare twelf monþe. Swa hwylc mon swa wule on ylce tid heardlice 7 forwyrnedlice libbæn, þe bið fulfremed. Gyf
20 hit þonne hwylcum men to earfoþlice þince, tilie he þenne ꝥ he hure þis fæsten selost feste, æʒþer ʒe on psealmsonge—þe þe ðæt cunne,— ʒe on ælmesdæde, ʒe on halʒe bedum, 7 wæccum, 7 on ælce þære gode, þe he for Gode to gōde don maʒe : ꝥ we alle moten on þis ha-
24 liʒe tid æʒþer ʒe for Godæ ʒe for weorlde þe bliþelycor lybbæn, þam Drihtne fultumiende, þe ðe leofæð 7 rixæð āa on ecenesse. AMEN.

[XI]

[Fol. 160, l. 20.]

Men þa leofeste, sanctus Matheus þe godspellere, þe ðis godspel wrát, sæde ꝥ þe Hælend spec to his leorningcnihtæs bi domes
28 dæʒe, 7 hǽt heom alle þam monnum cuþæn ꝥ he him sylf on þissere weorlde endunge hider on middænearde ús eft sechon walde on his

---

7 Over mæʒnú *is written by a later hand* werces.   7 monnes] monū *MS.*
10 weorldæhtæ] weorldæltæ *MS.*   10 eác] *upper part of the* c *like a* t.
15 twea] *the* a *altered from* o (*at a later date ?*).
24 tid] *written over an erasure of another word.*
24 weorlde] *the* w *altered from another letter.*

himself the eternal life with our Lord, if he will live his life rightly, according to the master's teaching. We must not offend any man, lest our prayers be for nothing; but let us make ourselves ready in all matters, as being God's servants; that is, first in great patience, and in tribulation, and in holy watching, and in fasting, and in purity, and in tolerance, and in clean thoughts, and in true love to God and man. These virtues bring the soul of the man who has them in him into the kingdom of heaven. Verily it was commanded and ordained in the Old Testament that every one should every twelve months give the tenth part of his worldly possessions to God; and now too in the New Testament, according to the teaching of books, it is right and pleasing to God to do so. If then, it seems to any man in his thoughts too grievous and too hard, let him at any rate endeavour to fast the tenth part of his days before God. Now we know that in twelve months are three hundred and sixty-five days, and six hours; and there are forty-two days of this fasting. And if we take away the six Sundays when we have meat, then there are only six-and-thirty days fasting. This is, then, the tenth part of the twelve months. Whosoever will live with austerity and continence for the whole period is made perfect. But if this seems too severe to any one, let him then at any rate try to keep this fast as well as he can, both with psalm-singing—provided he can,—and with charity, and with holy prayers, and with vigils, and with every good act that he can do for his advantage before God. So that we all at this holy time may live the happier both before God and before the world, the Lord helping him, he who liveth and reigneth for ever in eternity. Amen.

XI

DEAREST men, St. Matthew the Evangelist, who wrote this gospel, said that the Saviour spoke to his disciples about the day of judgement and bade them make known to all men that he himself at the end of this world would again visit us here on earth in his

mæʒenþrymme mid engle wæredo, 7 he þenne walde ylce men ʒe
rice ʒe heánne demen, 7 heóm ædlean syllæn æfter heore aʒene
wruhte. 7 cwæð ða ʒyt þ summe þa ðe þær wéron ne sceolden
4 deaþæs onfón ær þam þe heo seʒen hine sylfen on his rice cumende.
Ðá embe six niht æfter þan þe Crist heom þas word sæde, he nom
mid him þá his þreo leorningcnihtæs, þ wæs, Petrus, Iacobus, 7
Iohannes, 7 lædde heom uppon summe dúne onsundræn. Þa
8 feringe wearð Cristes anseone swiðe wunderlice fæʒer iworden
beforen heom þrym, swa þ his wlite scean swa sunnæ, 7 his claðes
weron iworden swa hwite swá snaw. Þa rædlice ætsceawede him
þær Moyses þe halʒæ þe þe ifyrren worlde ær wæs forðfæren 7
12 Heliæs þe prophetæ, 7 specon þær wið þone Hælend. Sone swa þa
haliʒe þeinæs þ wundor swá mycel isæʒen, þa sæde Petrus to Criste,
'Drihten, god is us þ we hær beon, ʒif ðu wylt, [fol. 160 b] þ we
hér wurcean þreo inn, þe án, 7 Moyse án, 7 Helie án.' Þá imong þ
16 héo þus speken þa com þær færinge swiðe beorht ʒenip, 7 heom ealle
ofersceadewæde ; 7 an stæfne wæs iworden on þam miste þus
cwæðende, 'Þis is mi leofæ sune þe me wæl licæð ; ʒehyræð
him.' Sonæ swa þa Cristes þeiʒnæs þ mycele wundor isæʒen 7 þa
20 fæderlice stefne ihærdon, þa wæren heo swiðe afyrhte, swa þ heo
hit aberon ne mihten ac feollen on þam eorðæn swiðe ofdredde. Ða
neahlæchede heóm þe Healend, 7 rán heom, 7 heom úp ahof, 7 cwæð to
heom, 'Arisæð 7 ne ondredæþ eów.' Þa hyo heoræ eaʒen úp áhofæn,
24 7 arison, þa ne iseʒen heo neoþer ne Moyses ne Helias, ne nænne mon
buton Criste áne. Þa ðe heo eft nyðer of ðare dune eoden, þa bead
Crist heom þréom þe þa wunderlice sihðe iseʒen, þ heo hit nane
men ne sæden, ær þam þe he for monnæ hæle iþrowed hæfde, 7 of
28 deaþe arise. Leofe men, ure Drihten mid his aʒene wordum þurh
his halʒæn godspellere us munæð 7 læreð þ we us warniæn wið

---

3 wruhte] *the* h *altered from another letter.*
9 beforen] beforem *MS.*   14 ðu] du *MS.*
16 Over þus *is written* heo.
16 *Over* ʒenip *is written* vel mist, *and over* miste *in* l. 17 vel nipe *in the same hand.*
17 ofersceadewæde] d *altered from* w.
19 swa] *the* s *altered from* w.
19 þeiʒnæs] þeiʒnæs *MS.*
21 ofdredde] áfdredde *MS. with deletion dot under* a.

glory with a host of angels, and (that) he then would judge all men both rich and poor and give them their reward according to their own deeds. And he said furthermore, that some who were there should not receive death before they had seen him himself coming in his majesty. Then about six nights after Christ had spoken these words to them, he took with him his three disciples, that is, Peter, James, and John, and led them up on to a mountain apart. Then suddenly Christ's appearance became very wonderfully fair before the three of them, in such wise that his countenance shone like the sun, and his clothes became as white as snow. Then suddenly there appeared Moses the holy man, who had died long before, and Elias the prophet; and they spoke there with the Saviour. Directly the holy disciples saw this great wonder, Peter said to Christ, 'Lord, it is good for us to be here, if thou wilt, in order that we may here make three tabernacles, one for thee, one for Moses and one for Elias.' Then even as they thus spoke, there came suddenly a very bright mist and overshadowed them all; and there sounded a voice in the mist, thus saying, 'This is my beloved Son, in whom I am well pleased; hear him.' As soon as Christ's disciples saw that great wonder and heard the voice of the Father, they were very much afraid, so that they could not endure it, but fell on the earth, greatly terrified. Then the Saviour came near and touched them, and raised them up, saying, 'Arise, and be not afraid.' When they had lifted up their eyes and had risen, they saw neither Moses nor Elias, nor any man except Christ alone. Afterwards, when they came down from the mountain, Christ charged the three of them, who had seen the wonderful sight, that they should tell it to no man, before he had suffered for the salvation of men and had arisen from the dead. Dear men, our Lord with his own words through his holy evangelist exhorts and teaches us that we must take warning for ourselves against

synne ant wiðmandæde, 7 þisses manfullen middaneardes læhtræs
forlæten; 7 þ̄ we æfre on ylce tide ʒeorne þencean hú læne, 7 hú
witende þas weorldlice þing beoð. 7 is swiðe uncuð ælce men,
4 æʒþær ʒe rice ʒe þam hænum, hu longe he þisses lænen lifes brucon
móte. Hwæt we nu iherdon hwylc wunder he ætywde his leorning-
cnihtes on þissere gastlice isihðe; forþam þe he walde þurh þ̄
heoræ bileafe festniæn, 7 ealre þare monnæ þe hit iher[d]en sæggen.
8 Þeah ðe godspellere þas haliʒe race mid lyt worde write, þeah-
hwæðere þ̄ blisse 7 þeo murhðe þe heo ðer iseʒen on anes dæʒes
hwile wæs mare þenne æniʒ mennisc mon sæcgen maʒe, oþðe forþan
asmeʒean. Đe godspellere cwæð þ̄ Crist wolde her on worlde
12 sceawen his aʒene ansyne his leorningcnihtæs swá beorhtlice, 7
swa þrymlice swa hine alle haliʒe on heofenæ rice iseon sceolden:
7 he wolde læren us mid þam þ̄ we wisten þ̄ ælc þære monnæ þe
þenceþ þ̄ he þa heofenlice rice biʒýte, þ̄ he sceal þa hwile þe he her
16 on weorlde bið, his lif sceadæn fram alle synlic lust, 7 fram þissen
eorþlice ʒytsunge. We sceolen ʒemunæn þ̄ Crist sæde þ̄ þe wæʒ is
swiðe heah 7 swiðe stæʒer þe lædeþ us to heofenæ: þene wæʒ
faræð þa men þe hore hyht to heofenum habbæð 7 þencð hú
20 ateoriendlic þis eorðlic lif is, 7 hú swiðe hit is all mid soreʒe imeind.
Uten ʒemunen hwæt þe apostol cwæð, 'Ure murhþe, 7 ure wuldor, 7
ure blisse is on heofene.' To þam murhðe 7 to þam blisse we sceolen
becumen þurh Gode. Wel þ̄ is isæid þ̄ Crist his haliʒe þeinæs lædde
24 úp on þa heaʒe dune onsundron: þ̄ tacnæð þ̄ þa soðfæste men beoð
isceadde feór fram yfele monnæ neawiste on þam towearde weorlde.
Þenne bið ifylled þ̄ ðe witeʒæ cwæð on þam psalme, 'Drihten, þu
bihuddest þine halʒæn on þines andwlitæn wuldre: 7 þu heom
28 bewrohtest on heofenæ rice, 7 heom scyldest wið alle yfele þingum.'
Þe godspellere sæde þ̄ Crist æfter six daʒum fulde þ̄ he his þeinum
bihet—[fol. 161] þ̄ heo his ansyne swiðe wunderlice iseon sceolden.
On þam is bitacnæd þ̄ alle haliʒe sceolen æfter þisse weorlde to þam
32 heofenlice blisse bicumen þe ðe Drihten heom bihet, þe ðe næfre ne
leah, 7 hit heom ʒearwode ær þan þe middæneard isceapen wære.

1 wið] wid *MS.* 11 *Over* asmeʒean *is written* biþencean *by the same hand.*
17 *Over* ʒemunæn *is written* under stonden *by the same hand.*
18 stæʒer] stæʒre *MS.* 27 þines] þíne⁸ *MS.* 27 wuldre] wuldres *MS.*

sin and against evil deeds, and leave the vices of this wicked world; and that we should be at all times always earnestly considering how transitory and how fleeting these worldly affairs are. And it is most uncertain for every man, whether rich or poor, how long he may enjoy this transitory life. Lo! we have now heard what wonders he showed his disciples in this spiritual vision, because he wished thereby to strengthen their faith and that of all men who have heard it related. Although the evangelist wrote this holy narrative with few words, yet the bliss and the happiness which was seen there in the space of a single day was greater than any mortal man can relate or even conceive. The evangelist related how Christ would here on earth show his disciples his own countenance, as bright and as glorious as all the saints in the kingdom of heaven should see it; and he wished to teach us thereby, so that we might understand that every man who intends to gain the heavenly kingdom must, the while that he is in the world here, keep his life from all sinful lusts and from such worldly desires. We ought to remember that Christ said that the way which leads us to heaven is very high and very steep. By this way journey those who have their trust in heaven and think how transitory is this earthly life, and how terribly it is all mixed with sorrow. Let us remember what the apostle said, 'Our joy, and our glory, and our bliss is in heaven.' To that joy and to that bliss we must come through God. It is well said that Christ led his holy disciples up on to the high mountain apart. This signifies that the righteous shall be separated far from the presence of evil ones in the future world. Then shall be fulfilled what the prophet said in the psalm, 'Lord, thou hast hidden thy saints in the glory of thy countenance, and thou hast enclosed them in the kingdom of heaven, and thou dost keep them from all evil things.' The evangelist said that Christ after six days accomplished that which he had promised his disciples—that they should see his countenance very wondrously. Hereby it is made manifest that all holy men shall after this world pass to the heavenly bliss which the Lord has promised them,—he who has never proved false and had prepared it for them before ever the world was created. We

We rædeð on bocum þ þissere weorlde tide stondæþ on six ylde. Nu beoð þe fiue forð igan, 7 þeo sixte is nu andweard. Nu æfter þonne þeos ifylled bið 7 iendod, þenne iheræð alle halige ure Drihten 7
4 iseoð, 7 þenne blissiæð ā on ecnesse. Hwi sæde þe godspellere þ þæs Hælendes ansyne wære scinendæ 7 swiðe wunderlic iworden, 7 scean swa synne? For þan þe ðe Hælend wolde festnen 7 strengæn heore bileafe þe þ isegen, 7 eac eft alræ þare þe hit ihyrden secgæn :
8 þ we alle mihten undergyten, þ swa swá his ansyne wearð on beorhtnes iturnd, swa beoð alle his halgean on wlite 7 on wuldor ihwærfod on domes dæg swá he him sylf sæde, 'Soðfeste men scineð swa beorhte swa sunne on heore fæder rice.' Leofe men,
12 ær þam þe ðe æreste men Adam 7 Eua agulten 7 Gode wreðædon on neorxnawongæ, ær þan þa tunglæn, sunne, 7 monæ, hæfdæn mucele mare beorhtnesse þenne heo nú habbeð; ac syðæn heo gylten þurh unhersumnesse, 7 God heom weorp of þam mucele murhðe on þisse
16 deaþelic lif hider on middæneard, þa sceolden þa tunglæ þæs wite þrowiæn ; for þam ðe heo þare menniscen cunde onfon sceoldon, 7 heo þa for þón worden heoræ beorhtnes muceles dæles benumene. Hit ilimpð þeah on þissere weorlde endunge, on domes dæg, þ God gyfð
20 heom æft heoræ fulle brihtnesse. Þenne underfehð þe mone þare sunne brihtnesse, 7 þeo sunne [bið] seofen siðe brihtre þenne heo nu is; heo moten eac þenne heom resten þæs runes 7 þæs gewinnes þe heo nú ðrowæð. Þis bið iworden, þenne þa tid cymæð þ þa Godes
24 bearn, þ beoð alle halige men, underfoð eác reste heore mucele winnes 7 seoregæs þe heo nu dreagæð 7 þrowæð. Ne mæg þeah þare tunglæ ne þare haligræ wlite 7 fægernesse beon ilic Cristes beorhtnesse, for þan þe his wlite, 7 his beorhtnesse oferscinæð alle oðre
28 liht. Sanctus Paulus þe apostol cwæð be þam Cristes halgæn, 'Efne swa þe steoræ oferscinæð oðerne on brihtnesse þ he bið brihtre þene þe oþer.' Swylc bið þe mon ærest on domes dæge swa mucele wundorlycor 7 brihtræ þenne he þer scinæð for þene oðerne.
32 For þam swa mycele mare swa ðe món her on weorlde to góde deþ

2 æfter] -er added later.   6 wolde] wælde MS.   12 agulten] see note.
13 neorxnawongæ] neorxnawogæ MS.   16 tunglæ] gunglæ MS.
18 worden is written by another hand above þón heoræ.
22 eac] ea^c MS., with c written above an erasure.

read in books that the ages of this world consist of six periods. Five have now passed away and the sixth is now at hand. And, after this one is finished and brought to an end, all holy ones shall hear our Lord and see him and shall rejoice for ever in eternity. 4 Why did the evangelist mention that the Saviour's countenance became glistening and very strange, and shone like the sun? Because the Saviour would confirm and strengthen the faith of those who had seen this, and also of all those who have heard 8 it related. In order that we all might understand that even as his countenance was changed in brightness, so shall all his saints be changed in beauty and glory on the day of judgement, even as he himself said, 'The righteous shall shine as bright as the sun 12 in their Father's kingdom.' Dear men, before the first people Adam and Eve had sinned and made God angry in paradise,— before this,—the stars and sun and moon had much more brightness than they have now; but after they had sinned through disobedience, 16 and God had cast them forth from the great bliss into this deadly life here in the world, the stars had to suffer punishment for it, because they had necessarily participated in their mortal nature, and therefore they were deprived of a great part of their brightness. 20 However, it shall come to pass at the end of this world, on the day of judgement, that God will restore to them their complete brightness. Then the moon shall receive the brightness of the sun, and the sun shall be seven times brighter than it is now; they can also take rest 24 for themselves from the moving and from the toil which they now endure. This shall be accomplished when the time comes that the children of God, that is, all holy men, also obtain rest from their long toil and from the sorrow which they now endure and suffer. 28 Yet neither the beauty and loveliness of the stars nor of the holy ones can be like Christ's brightness, because his glory and his brightness shine above all other lights. St. Paul the Apostle said about the holy ones of Christ, 'Even as the one star shineth above 32 another in brightness, because it is brighter than the other.' So much the more glorious and brighter shall the one man be on the day of judgement when he shineth there before the other. Because as much as one man does the more good here on earth 36 above another,—as much as he is better in his deeds than another,—

to-foren þam oðre 7 swa mucel swa he bið on his dæde bætere þene
þe oðer, swá mycele mare mæde 7 ædlean he sceal underfón æt
ure Drihtine on domes dæȝ. Hwæt we witæn soðlice ꝥ ðe wlite 7
4 þeo feȝernesse þare drihtenlice ansyne feór oferstihð þare sunne
brihtnesse, swa hit rihtliɔ is; ac for hwán ȝemét þe godspellere
þare drihtenlicæ ansyne to þare sunne brihtnesse, buton for þam
þe he ne mihte nane brihttre ne wlitiȝre ifinden ? Ac þeah, swa ic
8 ǽr sæde, þe wlite 7 þeo feȝernesse Cristes ansyne [fol. 161 b] alle
þare sunne beorhtnesse oferstihð. Þæsne wlite, 7 þis wuldor þare
drihtenlice ansyne ne mót nán sunful mon iséon, ac ꝥ toȝescead bið
wunderlice iworden þurh þa mucele mihte þæs Almihtiȝæ Godes
12 sune. Ealle we sceolon on þam dæȝe, góde 7 yfele, on ure Drihten
lokiæn; ac ne bið þenne nán deofles mon ꝥ þæs wuldræs 7 þæs
wlites æniȝe dæl iseon móte. Ac þa synfulle mén sceolen iseon þa wun-
dæn 7 þa sar on ure Drihtne 7 þære næȝlæ swaðe, þe he wæs on róde
16 mid inæȝlod, 7 nænne dæl þæs blisses, þe ic ær sæde; for þan þe heo
nú her on worlde his mycele eadmodnesse wæron unþongfulre þonne
heo sceoldon. Ðonne ne maȝen þa Cristes halȝæn nenne dæl þæs sares
ne þare wundæ on þam drihtenlice lichame iseon, ac heo iseoð þær
20 on him ꝥ blisse, 7 þone wlite, 7 þa fæȝernesse, for þon þe héo her
on worlde his ðrowunge 7 his eadmodnesse mid worde 7 weorcum
him þoncfulle wæren. Ðenne on domes dæȝ wurð ȝeiscead atwá, alle
soðfeste men 7 synfullæ: þenne æfter þam beoð þa synfulle men
24 on ece wite isend, 7 soðfeste men beoð to heofene rice ilædde, þær
heo moten þa scinendæ Cristes ansyne ã ecelice iséon; 7 heo þær
syðan æfre on brihtnesse libbæð 7 scinæð. Be þam sæde ðe apostol,
'Drihten ȝehywæð þa eadmodnesse ures lichames, 7 hine ȝedeþ
28 wlitiȝne ant brihtne æfter his aȝene anlicnesse.' Hwæt sæcge we ꝥ
his claþæs tacnoden þe ðe godspellere bisæde ꝥ heo wæren iworden
swa hwite swa snáw, buton þa halȝæ laþungæ, ꝥ is, alræ haliȝre héap
7 samnung ? Soþlice þa gæderung bið hwit iworden þurh fulluhtes
32 bæðe, 7 heo scinæð hwite 7 brihte beforen Godes eaȝum þurh monie

22 atwá] t altered from another letter.
23 æfter þam] þam written above the line.
23 synfulle] n altered from h.

so much more reward and recompense shall he receive from our Lord on the day of judgement. Verily, we know well that the beauty and loveliness of the Lord's appearance far surpasses the brightness of the sun, as is fitting; but why does the evangelist compare the Lord's countenance with the sun's brightness, except because he could not find anything brighter or fairer? Yet, as I have said before, the beauty and the loveliness of Christ's countenance surpasses all the brightness of the sun. This beauty and this glory of the Lord's countenance shall no sinful man be permitted to see; but that difference shall be miraculously produced by the great power of the son of Almighty God. We shall all on that day, both good and evil, look on our Lord; but still there shall be no one belonging to the devil who can see any part of this glory and loveliness. But the sinful ones shall see the wounds and the hurts on our Lord and the scars of the nails with which he was nailed on the cross, and no part of the joy which I have just described, because in this present world they were less grateful for his great humility than they should have been. Then shall not Christ's holy ones be able to see any part of the hurts or of the wounds on the Lord's body; but they shall see on him there the joy and the beauty and the loveliness, because in the world here they were thankful for his suffering and humility with words and with deeds. Then, on the day of judgement, there shall be a division made in two parts, the righteous and the sinful. Next after that shall the sinful ones be sent into everlasting punishment, and the righteous conducted to the kingdom of heaven, where they can behold for ever eternally the shining countenance of Christ. And there they shall live and shine for ever afterwards in brightness. Concerning this, the apostle said, 'The Lord shall transform the humility of our body and make it beauteous and bright after his own likeness.' What shall we say that his clothes betokened, which the evangelist described as having become as white as snow, but the holy congregation, that is, the company and assembly of all holy ones? Indeed the congregation has become white through the baptismal bath, and they shall shine white and brilliant before the eyes of God through many holy deeds.

haliȝe dæde. Wæl we witen þ nis nan mon þe hine wið alle synnen healden maȝe þa hwile þ he hér on weorlde bið, þ he on summe þingæ ne gulteð, oððe on worde, oððe on weorce, oððe ón þonce. Ac
4 þeah hit iwurð æt þisre weorlde endunge on domes dæȝ þ Drihten his halȝæ laþung 7 alle haliȝe ȝeclænsæþ 7 alyseð fram alle wemme, 7 heom þenne swa wlitiȝe 7 swa unwemmed into his rice lædeþ. Þe godspellere sæde þ ðær æteowden Moyses 7 Heliæs, 7 þær wið
8 Drihtin speken. Leofe men, hwylce sawedon heo héom? oððe hwæt specon heo to him? Lucas þe godspellere hit sæȝð ȝyt cyðlicor. Hé sæȝð, 'Moyses 7 Helias wæron isæȝene on þrymme 7 on wuldre, 7 heo speco[n] to Criste embe his þrowungæ þe hǽ eft on Ierusalem
12 ȝefulde.' Hwæt tacnæð Moyses 7 Helias þa ðe þærúp on ðære dune wið Drihten specon embe his þrowunge buton þa drihtenlice ǽ 7 þa haliȝ witegæn þa ðe mid Godes Gaste itrymede wǽron þé alle imænelice mycel ǽr biforen Cristes þrowungæ sæden?; 7 God heóm
16 unwreah alle þa ðing ðe towearde weron, ærest þi Cristes tocyme hider on middæneard, 7 bi his þrowunge, 7 bi his úpriste, 7 bi his upstiȝe, þe he on heofene astah; 7 alle þa ðing þe us haliȝe bec nu ȝyt towearde secgæð, bi domes dæȝ 7 bi Drihtines cyme æft hyder on middæn-
20 earde, 7 bi alles mon- [fol. 162] cynnes upriste, 7 bi þam toweardæn liue. Buton tweon all þis sceal iwurðæn. Witerlice éac Moyses þurh þas men tacnedo hu hé mennisce deaþ underfeng, 7 forðferde 7 iburiȝed wǽs. Rihtlice þá men maȝen beon þurh Moyses bitacnod,
24 þa ðe nu on domes dæȝ of deaþe árisæð 7 ær forþifarene wæron. Eliæs næfre ȝyt deaþ ne þolode, ac he is ȝyt on lichame libbende on þam stowe þe God him hæfð isæt: 7 he sceal þær abidæn sundfullice his martyrdomes, oð ðet Drihten asende hine æft hider on
28 middænearde ær worldes ende, þ he sceal þenne secgæn 7 cuþæn móncynne Godes láre, 7 his martyrdom for Cristes lufæ þrowæn on Antecristes daȝum. Rihtlice þa men beoð þurh Helias itacnode, þa þe nú ær domes dæȝ libbende beoð imette. Ealle men æȝþær þa
32 ðe ǽr forðiwitene wæron, ȝe þá ðe þenne on lichame libbende

---

1] Before Wæl a letter (h?) has been erased.
9 cyðlicor] cy written upon an erasure.   23 Moyses] moyse¹ MS.
30 þurh Helias itacnode] MS. has helias written in the same hand over itacnode.

We know well there is no one who can keep himself against all sins as long as he is in this world, so as not to sin in some respects, either in word, or in deed, or in thought. But nevertheless it shall come to pass at the ending of this world on the day of judgement that the Lord shall purify his holy congregation and all his saints and free them from all stain; and then he shall lead them thus beauteous and undefiled into his kingdom. The evangelist said that there appeared Moses and Elias and spoke with the Lord there. Dear men, what kind of men showed themselves to them? or what did they say to him? Luke the Evangelist says it still more definitely. He says, 'Moses and Elias appeared in honour and glory, and they spoke to Christ about his suffering which he afterwards accomplished at Jerusalem.' What do Moses and Elias who there up on the mountain spoke with the Lord about his suffering signify, except the law of God and the holy prophets who had been strengthened with the Spirit of God, who all had in common spoken of Christ's passion long before?; and God had revealed to them all things which were to come,—first about Christ's coming here into the world, and about his passion, and about his resurrection, and about his ascension, when he ascended into heaven; also all the things that holy books tell us are still to come,—about the day of judgement, about the Lord's coming again into this world, about the resurrection of all mankind, and about the future life. Unquestionably all this shall come to pass. Verily Moses also signified through these men how he suffered the death of mortals, and died and was buried. Rightly by Moses can be signified men who now on the day of judgement shall arise, having previously died. Elias has never yet suffered death, but is still living in the flesh in the place which God has set apart for him: and there he awaits his martyrdom whole, until the Lord sends him again on to this earth before the end of the world, when he shall proclaim and make known to mankind God's commands and suffer his martyrdom for the love of Christ in the days of Antichrist. Rightly by Elias are men betokened who are found now living before the day of judgement. All men, both those who have passed away before, and those who are still living in the flesh at that time, shall be lifted

beoð, sceolen beon áhofene úp ofer þysne luftlice heofen on anes
eaȝæn beorhtnes, comende to þam dome toȝeane ure Drihten: 7
syððæn bið þe mycele dom rædlice iendod, 7 alle Godes halȝæn beoð
4 þenne to þam éce lif iléd*de*. Leofæ m*en*, we sceolen æfre mid
þankiende mode understonden 7 þencen hwæt þe heofenlice Kyng
for us ðrowode, 7 ꝥ we sceolen þanken him ã mid worde, mid dæda,
7 mid alle heortæ. For ylc mon swá he mare lufe hæfð to þam
8 Almihtiȝæ Gode, swa him lust swiðor þe lufe; 7 ã swa mycele
swiðor swa he þa swetnesse þæs heofenlice lifes on his mode ifeleð,
swa mucele swiðor him biteriæð 7 unswetiæþ alle þas eorðlice þing.
    For þam sanc*tus* Petrus þa ðe he C*r*istes ansyne swa briht 7 swa
12 wlitiȝe iseah 7 ꝥ wuldor þare tweȝræ monnæ Moyses 7 Helias, þa
forȝeat he sone alle þas eorðlic þing þe hé ær on wæs, 7 wace heo him
þuðten for þa murhþe þe he þá iséah. Þa cwæð hé for þon, 'Drihten,
gðd is us ꝥ we her beon, ȝyf þu wult ꝥ we her wurchen þreo leafselæs,
16 þe án, 7 Moysi án, 7 Helie án.' Sanctus Petrus wæs swiðe mid þam
wuldre ofercumen þe he þær iseah, ꝥ he for þon ne þohté hwæt he
speke—swylc he mynte ꝥ he sceolde timbriæn eorðlic hus on þam
heofenlice blisse. Ne bið þær on þare heahe eadiȝnesse sundries
20 huses néod, be þam sæde sanctus Iohan*n*es þe apo*s*tol, ꝥ Drihten
sæwæde him eft oðre siðen þa gastlice sihðe. Þa he þa heofenlice
eadiȝnesse iseah 7 scéawode, þa sæde he felæ þingæ bi þare feȝer-
nesse þe he iseah. Þa sæde he, 'Ne séah ic þær nan temple, ne nan
24 sundrie hús; ac Drihten sylf is þare ceastre 7 þæs æþeles tempelhús.'
Ac þeah sanc*tus* Petrus ꝥ word mearcode, þeah he mid þam wuldre
ofercumen wære, þa he sæde, 'Drihten, god ús is ꝥ we to Gode
mid góde dæde earniæn ꝥ we moten mid him béon 7 his haliȝe
28 ansyne ecelice iseon á buton ende.' Ða ðe sanctus Petrus Cristes
ansyne iseah swa briht, 7 swa wlitiȝ, 7 ꝥ wuldor þare tweȝræ
monnæ mid him, þa þuhte him, swa ic ær sæde, ꝥ nan oðer blisse,
ne murhðe nære buton ꝥ. Hwæt secgæ we, leofæ men, hwylc

  2 eaȝæn] enȝũ *MS.* 8 Gode] *the* g *altered from* d.
  12 þa] *the* a *altered from* o. 13 þas] þa⁰ *MS.*
  15 þreo] pre⁰ *MS.* 20 apo*s*tol] apta.
  22 sæde he felæ *MS., with* he *written by another hand*?
  27 *After* 7 *a letter* (h?) *erased.*

up above this aerial heaven in the flashing of an eye, coming to judgement to meet our Lord: and then shall the great judgement be quickly accomplished and all God's holy ones shall be led to the eternal life. Dear men, we must always understand with grateful heart and realize what the heavenly King suffered for us,—and how we must give thanks to him always with word, with deed, and with the whole heart. For every one, the more love he has to Almighty God, the more he desires that love; and always the more strongly he feels the sweetness of the divine life in his mind, so much the more do all these earthly things seem bitter and sour to him. Therefore St. Peter, when he saw Christ's countenance so bright and so fair, and the glory of the two men, Moses and Elias, forgot at once all the things of this earth which he was occupied with before; and feeble they seemed to him beside the joy which he then saw. Then for this cause, said he, 'Lord, it is good for us to be here, if thou wilt that we here make three tabernacles; one for thee and one for Moses and one for Elias.' St. Peter was very much overcome by the glory which he there saw, so that he did not think what he was saying—as though he intended to build a terrestrial house in the joy of heaven. In that sublime happiness there is no need of a separate house apart, according to what St. John the apostle said, when the Lord again showed him, for a second time, the spiritual vision. When he looked and saw the heavenly bliss, he said many things about the beauty which he saw. Then said he, ' I saw no temple there, nor any house apart; but the Lord himself is the temple of that city and country.' But still St. Peter, although overcome with the glory, gave meaning to the words when he said, 'Lord, it is good for us if we with good deeds can obtain from God the possibility of our being with him, and of seeing his holy countenance eternally ever without end.' When St. Peter saw Christ's countenance so bright and so fair and the glory of the two men with him, it seemed to him, as I have just said, that there could be no other bliss nor joy but this. What shall we say now, dear men?

eadiʒnesse underfoð þa men, þe nú mid gode dæde earnæþ ꝥ heo
ecelice iseon moten þone þrym 7 ꝥ wuldor ures Drihtines eadiʒnesse?
Hwylc mon is ꝥ mid worde sæcgæn maʒæ, oððe mid mode þencean,
4 hú mycele, 7 hú monifealde beoð þa murhðe, 7 þa feʒernesse þare
soðfæste monnœ, þenne þé [fol. 162 b] heofenlice Kyng lædeþ heo
to his rice, þær heo moten iseon on ecenesse his godcundæn
þrymme? 7 ná ꝥ án ꝥ heo þær twæʒræ monnœ wuldor iseon swá
8 swá Petrus 7 his feren dudon uppon þare dune, ac swylce þæs
unrimedlicen werodes Godes englæ 7 alle his halʒæn, 7 eác heo
moten ecelice loken on Cristes anwlite mid alle murhðe, 7 mid alle
blisse. Þær hæfð ælc to oðre unasecgendlic lufæ, 7 ylc blissæþ on
12 oðres gode 7 on oðres murhðe, swá on his aʒene. Da sanctus
Petrus þas word þus to Criste spéc, þá com þær feringæ swiðe
briht wolen 7 heom alle úten embwreah : 7 wæs þá án stæfne
clypiende of þam brihte wolcne, þus cwæðende, 'Þis is mi leofe
16 sunæ þe me wel licæð ; ʒeihæreð him ;' ꝥ heo wisten 7 under-
ʒeton ꝥ swa swa he wæs soð mon þurh his menniscen cynde, swá
eác hé is soð God þurh his godcunde ʒecynde, 7 anes blisses, 7 anre
mihte ; for þon alle soðfeste men on him ifulled standeþ. For
20 mucele arfestnesse Crist sceawde his leorningcnihtæs þá godcunde
sihðe, for þon þe he ʒeare wiste ꝥ ðeo tid neahlæchede ꝥ he for
monnœ hæle þrowiæn wolde. Þá wolde he for þon hér on worlde
heoræ bileafæ festlycor trymmen 7 heom cuþan, mid þam heofenlice
24 murhðe þe heo þær isæʒen, hú wlitiʒ his haliʒ lichame beon sceolde
æfter his úpriste. Þa haliʒ [men] for heoræ mennisce tydernesse ne
mihten ꝥ wuldor aberon, ac heo feollen on þa eorðe. Þa dude
Crist swá þe arfeste larþeow don sceal, æʒþer ʒe heóm mid his
28 honden úp arærde, 7 eác mid his worde frofrede, 7 sæde to heom,
'Arisæð 7 ne ondredæþ eów.' Þa þe heo heoræ eaʒæn úp ahófen, þa
n[e] isæʒen heo þær nenne mon buton Crist áne, ac wæs þeo gastlicc
sihðe þe héo ǽr iséʒen eft all aweʒ iwiten. Da þe héo nyðer of
32 þam dune eoden þe Thabor hatte, þa bead Crist heom ꝥ heo nane
men ꝥ brihtlice sihðe ne sæden þe heo þær isæʒen, ǽr þam þe he for

---

2 Drihtines] Drihtineˢ MS.   9 englæ] englū MS.
27 Over arfeste is written treowe.   33 þam þe he for] þe ʰᵉ for MS.

what happiness shall those receive who now with good deeds are meriting the right of gazing for ever upon the majesty and the glory of our Lord's blessedness? What man is there who can tell with words or think with his mind—how great and how manifold are the joys and the beauties of the righteous ones, when the heavenly King shall bring them to his kingdom, where they can behold for eternity his divine majesty? And it is not only that they shall see the glory of two men there, as St. Peter and his companions did upon the mountain; but also that of the innumerable host of God's angels and all his saints; and also they shall be able to gaze for ever upon Christ's countenance with all joy and bliss. There each has for another a love beyond description, and each rejoices in another's good and in another's joy as much as in his own. When St. Peter had spoken these words to Christ in this way, there came suddenly a very bright cloud, and enfolded them all about, and there was then a voice calling from the bright cloud, thus saying, 'This is my beloved son, in whom I am well pleased, hear him;' in order that they might know and understand this, that just as he was true man through his human nature, so also he is true God through his divine nature, and of one joy and of one might; wherefore all righteous men stand perfected in him. Christ showed his disciples this divine vision because of his great mercy. For he knew well that the time was drawing near when he would suffer for the salvation of men. Therefore he desired then, in this world, to strengthen their faith the more, and to make known to them, by the heavenly joys which they there saw, how beauteous his holy body must needs be after his ascension. The holy men because of their human weakness could not endure that glory, but they fell to the ground. Then Christ did as the kind teacher ought to do. He both raised them up with his hands and also comforted them with his words, and said to them, 'Arise and be not afraid.' When they had lifted up their eyes, they saw no man there except Christ alone, but the spiritual vision which they had just seen had passed all away again. When they came down from the hill which is called Tabor, Christ charged them that they should not tell any man of the bright vision which they had seen there, before he had suffered for the salvation of men,

monnæ hæle iþrowod hæfde, 7 eft wære of deaþe arisen. For hwón
forbeat Crist his þei3num þ heo ne sceolden cuþæn ne sæcgæn náne
men þ brihtlice sihðe, buton for twam þingum? Þæt oðer is forþan
4 þe he wiste, 3if hit þam folce isæd wǽre, þ all þ folc were þenne þe
mycele wiðerweardre þam ealdermonnum, 7 him þene téone iþafien
nolden þe heo syððæn wið Crist 3efremedon. Ac þa nolde Crist þ ðe
hal3e 3eleafæ þe þam monnum þurh his blod, 7 þurh his ðrowunge
8 sceolde iwurðæn þ he æni3e hwile 3eiwoned stode; ac hit sceolde
nede gan all æfter his a3ene wille, swa he hit ær iset hæfde. Þenne
wæs hit éac for oðre þinge þ heo þa sihðe sæcgan ne mosten. For þam
3yf hit þenne sone monnum cyþ wǽre, þenne wǽre moni3 món þurh
12 þ to his ileafen ærest æt frymþe sone ichærred. Ac he wiste þ hit
þuhte eft æfter þam moni3e tyddrum modum swiðe e3eslic þenne heo
his hearde þrowungæ sé3en 7 all þ edwit 7 þa erfoðnesse, þe he for
monnæ hæle þolede. Þa wolde he forþan þ heo abiden þæs sæles,
16 hwænne hit ware monnum nytlicost to cuþænne 7 to sæggene. He
wolde þ his hali3e þrowung ær ifulled wǽre, þ eft his hali3e apostolas
æfter þam þe heo mid þam Hali3e Gaste itrymede wæron, þ heo
þenne sceolden cuþæn· [fol. 163] 7 sæcgæn openlice alle monnum,
20 æ3þer 3e his hali3e þrowungæ, 7 his úpriste, 7 his úpsti3e on heofene, 7
eác þas brihtlice sihðe þe heo þær mid heoræ ea3nen isǽ3en, 7 herden
hu þéo fæderlice stæfne his ece eadi3nesse cydde. Nu, leofæ men, we
habbæð isæd éow be summe dǽle þæs godspellice word. Uten
24 we nu mid alle ure heorte, 7 mid alle úre mæ3ne, cyrren to úre
Drihten 7 earniæn mid gode dæde þ we on heahnesse sti3æn móte[n].
7 3yf we wullæð lufiæn þ we iseón moten ure Drihtines ansyne
swa wundorlic 7 swa wliti3, þonne sceole we nu forlǽten unrihtlicæ
28 dǽdæ 7 lichamlice lustæs, 7 tilien æfre þ we clǽne beon 7 libben
moten beforen ure Hǽlende, 7 healde we úre muð wið unnytte
spéce, 7 ure heorte wið yfele þoðtæs, 7 earni3e we mid gode dæde þ
þenne all moncynnes úprist bið þ we þenne moten to þam ece murhðe
32 bicomæn, 7 þæt ece eadi3nesse æt ure Hǽlende underfon, 7 his ansyne
ecelice iseon, 7 iheren; 7 þær þenne þæs blisses brucæn mid þam
heofenlice Kynge, þe leofeð 7 rixæð on alræ worldæ world, AMEN.

5 wiðerweardre] wiðerweard^{re} MS.   5 7] þe MS.   8 sceolde iwurðæn]
isceolde wurðæn MS.   11 3yf hit þenne] hit *added on the margin.*

and had risen again from the dead. Why did Christ forbid his disciples to make known or tell any one of that bright vision except for two reasons? The one is because he knew that if this were told to the people, all the people would then be much less obedient to their rulers, and would not have allowed them the persecution that they afterwards carried out against Christ. But then Christ did not wish that the holy faith which should come to men through his blood and through his passion should at any time be diminished; but that it should all progress inevitably according to his own will, as he had ordained it beforehand. Then was it also for a second reason that they were not to tell of the vision. Because if it had then been proclaimed to men forthwith, many would have been thereby immediately converted to belief in him; but he knew that it would seem very terrible later for so many frail hearts when they should see his grievous suffering and all the reproach and hardship which he endured for mankind. Therefore he desired them to wait for the time when it might be most profitable to make it known and proclaim it to men. He wished for his holy passion to be accomplished first; so that later, when his holy apostles had been strengthened with the Holy Ghost, they should then make known and declare openly to all men, both his holy passion and his resurrection and his ascension into heaven, and also this bright vision, which they had seen there with their eyes,—and how they had heard the Father's voice proclaiming his eternal blessedness. Now, dear men, we have related to you in part these gospel words. Let us now with all our heart and with all our strength turn to our Lord, and with good deeds obtain our right to ascend on high. And if we hold it precious to see our Lord's countenance so wondrous and so fair, then must we now leave our unrighteous deeds and fleshly lusts, and ever strive to be clean and to be fit to live before our Saviour. And let us keep our mouth from idle speech and our heart from evil thoughts, and by good deeds merit that when there comes the resurrection of all mankind, we may come to the eternal joy and receive the eternal happiness from our Saviour and see his countenance for ever, and hear him; and then enjoy bliss there with the heavenly King who liveth and reigneth world without end, Amen.

[XII]

[Fol. 163, l. 13.]

Ic eow bidde, leofe men, ꝥ swa ofte swa ȝe faren bi ricre monnæ burines ꝥ ȝe sceawiæn 7 asmeȝen hwær heoræ wælan beoð bicumene, 7 heore góld, 7 heore þeȝenscypæs, 7 heore worldprude
4 þære ydelnesse. Hwi! nyte ȝe ꝥ all ꝥ tofaræð 7 toglit, swa swa monnes sceadu dæþ? 7 heore worldþrym, swa rice, ȝedwæscte, 7 ȝedwán, 7 aidlode, 7 afúlode? Ac loca þenne on þa buriȝnes 7 sæȝ to þe sylfum, 'Hwæt! þæs món iu on þissre worlde wunsumlicc
8 lyfede þe ic ær cuðe.' Þenne maȝon þa ðyrle ban us læren, 7 þæs deaden dust of þare buriȝnes to us cwæðon wolden, ȝif heo specen mihten, 'To hwán, þu earme, on þisse worlde ȝytsungum swinces? oðer to hwam þu on oferhydo þe sylf úp ahæfst on ofermetto, 7 ón
12 unþeawæs, 7 sunne to swyðe fyliȝedest? Beheald me, 7 onscyne þine yfelæ þoncæs, 7 onȝit þe sylfum! Sceawe mine bán hér on þissere molde, 7 biþeng þe sylfen! Iú ic wæs swylc þu nu eart, 7 ȝyt þú iwurðæst swulc ic nú eóm. Geseoh mine ban 7 mi dust
16 7 forlǽt þine yfele lustæs.' Þenne, leofe men, þeah þe ða deade bán of þare buriȝnes specon ne maȝon, þeah we maȝen us sylfæn bi þam læren: for þam þe we sceolen æfre ȝemunen þæs ures heonensiþes, 7 we næfre æft nê wendæþ hider on worlde, ꝥ we æniȝ gód dón,
20 ac þenne beoð þa edlean 7 þa ær idone weorc isceawod. Beþence we eác æfre þone endedæȝ þissre worlde, ꝥ is domes dæȝ, þonne Drihten mid þam heofenlice weredo [haliȝræ] 7 englæ þisne middæneard sæcð to weane 7 to wrace synfulle monnum, 7 eác haliȝe monnum
24 his fultum to bringenne. Þenne arisæþ of þam ealde buriȝnes alle þa lichame 7 þa bán, þe fæleȝeare ǽr deade on swefete læȝen 7 mid synnæ deopnysse ifestnode wæren. 7 þenne arisæþ all móncynn togæderc, 7 heo þenne iseoð þas world sweliȝende, mid fure brastlende 7
28 bærnende, [fol. 163 b] ant þone heahroder on reade liȝeum; 7 all þæs middaneard byð mid fure arǽred. Þonne cymð þe soðfestæ demæ of heofenæs wolcnu[m], 7 he byð ymbþrungæn mid þam heofenlice weredo; 7 þenne beoð alle igæderæde þe soðfæste 7 þa

2 Above wælan is written vel æhte in the same hand.   16 ꝥe] þa MS.
18 þæs] þene MS.   28 bærnende] bænnende MS.

XII

DEAR men, I pray you as often as you pass by tombs of rich men to look and consider where their riches have come to and their gold and their retinues and their worldly pride of their leisure. Why, do not you know that all of it goes and passes away, just as a man's shadow does? and their worldly glory, great as it is, has diminished and dwindled and become worthless and vile? But look then on the grave and say to thyself, 'Lo, this man whom I used to know, of old lived happily in this world.' The fretted bones can therefore instruct us, and the dust of the dead man would say to us from the tomb, if these could speak, 'Why, wretch, dost thou toil with covetousness in this world? or why dost thou arrogantly lift thyself up in pride and in evil habits and follow sin too much? Look on me and abhor thy evil thoughts and bethink thyself. Look on my bones here in this dust, and think of thyself. Before, I was such a one as thou art now, and thou shalt yet become such as I am now. Look on my bones and my dust and leave thy evil desires.' So, dear men, though dead bones cannot speak from the tombs, we can nevertheless instruct ourselves by them. For we must always remember our journey hence; and (how) we never again shall return hither into the world, so as to be able to do any good, but then the retributions and the things we have done before shall be manifested. Let us also be always thinking about the last day of this world, that is doomsday, when the Lord with the heavenly company of saints and angels shall visit this earth to afflict and punish sinful ones, and also to bring his help to holy ones. Then shall arise from their old tombs all the bodies and the bones, which for many years before were lying dead in slumber and were kept fast by the weight of sins. And then all mankind shall rise together, and they shall see this world burning, crackling with fire and flaming, and the high heavens in red flame, and all this world shall be destroyed by fire. Then shall come the righteous judge from the clouds of heaven; and he shall be encircled by the heavenly companies, and then shall be gathered together all the righteous and the sinful before the stern

synfullæ ætforen þæs strecen demen heahsetle, 7 Drihten héom
þonne sceadæþ on twa healfæ. 7 he sǽt þa soðfestæ on þam
swiðere healfe, 7 þa synfulle on þam wunstren healfe, 7 he þenne
4 sæð to þa[m] soðfestæn, 'Cumeð, ʒe iblesode, on þenne roderlice æþel,
7 þær symle wuniæð, 7 on blisse, 7 on murhðe efne englen ilice·
7 þider ʒe beoð ibrohte mid muriʒe lofsongum, 7 þær ʒe beoð mid
me wuniende on heofene rice murhþe on eower Drihtines ansýne;
8 þær eow nan wiðerweardnes ne deræð, ac on sundfulnesse þæs
brihte lihtes ʒe þær bliþe wuniæð, for þam þe ʒe lustlice mine ǽ 7
mine láre heolden, 7 alle þa ðing þe ic eów bead to healden. Alle
ic héom eft iseah last on eowre gode weorcum, swa ic heom· ær
12 sǽde.' Þenne syððæn bisihð Drihten to þam synfullæn monnum 7
þus to heom cwæð, 'Gewitæþ, ʒe awariʒede, from me on þane
mycele æðm, 7 on þæne ece brune, 7 on þene bittræ þrosm hælles
fures, þær þe leiʒ reþelice bærneð, 7 þær þa dracæn þa synfullen
16 teræð mid heoræ toþum. 7 þær þa scyldiʒe bærnæþ, 7 þa wurmæs
héom mid weallende muðes forswolʒeð; 7 heoræ ansyne bið þær
mid teares oferfleowen, 7 þær bið eʒeslic toðene grind; 7 þær
næfre ne áteoræð þeo swearte niht, ne þeo þystre dymnes, ne heom
20 þær nefre ne bið isceawed lihtes leóme : for þam þe ʒe minc lare on
eowre mode oferhóʒoden, 7 ʒe, recelease, nolden mine bodu healdon.'
Þenne æfter þam þe þa manfulle beoð isceofene wepende on þ ece
fýr, þær heo on pine 7 on ece yrmþe wuniæð, heo iseoð þare
24 soðfestræ 7 englæ murhðe 7 isæliʒe monnæ hwit werod heriʒende
ure Drihten. 7 þa ðær cumeð þe hér mán wrohten 7 Godes lare
iheren nolden. Heo beoð bisencede on þa hate liʒæs þær héo
þrowiæð on ecere seoreʒe. Þenne faræþ þa haliʒe men 7 þa
28 soþfeste mid sweʒe to life, ant samod siþiæð mid englæ werod to
þam upplice rice, þær heo bliþe wuniæð on ece eadiʒnesse; 7 heo
næfre ne beoð isceadde fram þare ece murhðe. Þenne is us mucel
neod, leofe men, þ we Godes bodu ʒeorne healden 7 earniæn þ we
32 moten mid heofenwaræ lifes brucen, 7 þ we ne weorþæn aweorpen

3 swiðere] *an erasure of a letter after the* i.   4 æþel] æþele *MS.*
7 eower] ure *MS.*   8 nan] nanes *MS.*   13 þane] þare *MS.*
14 7 on þene] 7 ᵒⁿ þene *MS.*   20 isceawed] d *altered from* ð.
21 healdon] *the* e *altered from another letter.*   25 þa ðær] þa þe ðær *MS.*

judge's throne; and the Lord shall separate them then into two divisions; and he shall set the righteous on the right hand and the sinful on the left, and he shall then say to the righteous, 'Enter, ye blessed, into the heavenly country, and there dwell for ever both in bliss and in joy even like to angels. And thither ye shall be brought with joyous songs of praise, and there ye shall be dwelling with me in the joy of the kingdom of heaven before your Lord's countenance. And there nothing untoward shall hurt you, but in the safety of the bright light ye shall dwell there happily, because ye gladly have kept my law and my commands, and all the things that I commanded you to keep; I have seen them all accomplished in your good works such as I have just named.' Then after that the Lord shall look on the sinful ones and thus speak to them, 'Depart, ye accursed ones, from me into the great furnace and into the everlasting fire, and into the bitter smoke of hell fire; where the flames burn cruelly and where dragons tear the sinful with their teeth. And there the guilty ones shall burn, and serpents devour them with foaming mouths; and their faces shall then be overspread with tears; and there shall be a terrible grinding of teeth. And there the dark night and the black darkness shall never fail, nor shall there ever be shown to them a ray of light, because ye despised my teaching in your hearts, and ye, careless ones, would not keep my commands.' Then after that the wicked are driven, weeping, into the eternal fire,—where they shall dwell in pain and eternal misery,—they shall see the joy of the righteous and of the angels, and the white company of blessed people praising our Lord. And those shall come there who did evil here and would not obey God's command. They shall be plunged into the hot flames, where they shall suffer in eternal affliction. Then the holy and the righteous ones shall pass with melody into life and journey together with the host of angels into the kingdom on high, where they shall dwell happy in everlasting joy, and never be parted from that eternal happiness. There is much need for us, then, dear men, to keep God's commands earnestly and deserve that we may enjoy life with the dwellers in heaven, and that we are not cast into the lowest depths of hell.

on þa deopestæ helles grunde. For þam þe we iseoð þis læne lif
mid fræcednesse 7 mid mycele earfoðnesse ifulled, 7 ylce dæȝ þis
lif wonæð 7 wursæð; 7 ná lifiende món ne þurhwuneð on þisse
4 weorlde, ne nán eft to lafe ne wurð. Al moncyn is ilice on þas
weorld icenned, þeah heore lif beo syððæn unilic; 7 heo æft on
ende alle ȝewitæð. Ne nan swa longe her on weorlde ne leofæð, þ
eft þe deaþ hine ne ȝenime, 7 þa modiȝæn 7 þa oferhudiȝen deaþes
8 gneornung gripð. 7 þ heo hér for Godes lufe syllen nolden heoræ
sawle to hælpe, heo hit rædlice forlæteð, 7 oðre þerto foð, þa heo
for Criste hit letæn [fol. 164] nolden, þa hwile þe heo lifedon. Ac
þenne þe deaþ cymæð, þenne sceolen heo forlæten heoræ æhtæ
12 heoræ unðancæs, 7 heo his þenne nan þing nabbæð. Ylce dæȝ þis
andwearde lif wonæð þe we lufiæð, ac þa pine ne woniæð þam
monnum þe heom nú æfter earniæð. Uton we þenne, leofe men,
þas þing alle ȝemunen 7 iþencean þ þæt mennisce lichame is swa
16 blowende wurten, þe for þare sunnæ hæte fordruȝiæð 7 for-
scrincæð. Swá eác þæs monnes ȝeoȝeþæ 7 feȝernes dæþ. Þenne
þeo ælde on him siȝæð mid unhæle, all þare ȝeoȝeðe feȝernes aweȝ
awit 7 forwurð. Ac Cristes ansýne is to lufiȝenne ofer alle oðre
20 þing mucele swiðor þenne þes lichames ȝeoȝæðhád. Ac habbæþ
eowre heorte on þisse eorþlice ȝewinne 7 earniæþ eow þ heofenlice
rice, þær is éce eadiȝnesse; þær eald ne gráneð, ne child ne
scræmeð. Ne bið þær þurst, ne hungor, ne wóp, ne teoðe ȝegrind,
24 ne morþer, ne mán; ne þær nan ne swæltæð, forþam ðe þær
ne byð nán acenned; ne þer ne byð sar, ne seoreȝæ, ne nan
longing, ne unlustes ȝewin. Ac þær is þæs hestæn kynges kyne-
rice, 7 þær wuniæþ alle þa þe Godes bodu heolden on ece murhðe;
28 7 heo dæȝhwamlice þene heofenlice kyng bliðne iseoð, 7 heo mid
him 7 mid his halȝan libbæþ, 7 rixæð á on eccenesse. Hwæt we
maȝen bi þissum underȝytæn 7 icnawon þ þe Almihtiȝ Drihten nele
þ mon his ȝefenæ nænne þanc nýte. Ne þearf us na tweoȝean þ he
32 us næle eft þare læna muneȝiæn þæs þe he us her on weorlde to

---

2 earfoðnesse] the f altered from t (?).
3 þurhwuneð] -wuned MS., after which a letter (e?) has been erased.
14 earniæð] ea^rniæð MS.

For we see that this transitory life is full of much danger and hardship, and each day this life wanes and grows worse. And no man living continues for ever in this world, and again none is left behind. All mankind is born alike into this world, although their life may be afterwards unlike, and again they all pass away finally. No man lives so long here in the world that death does not seize him later, and the affliction of death fastens on the proud and over-confident. And because they here would not give (their life) for the love of God to help their soul they shall soon lose it, and the others shall obtain it, since they would not give it up for Christ's sake while they were living. But when death comes they must leave their possessions against their will, and then they shall have nothing. Every day this present life which we love wanes, but the torments shall not wane for those who are now meriting them. Let us, then, dear men, remember all these things and consider that the human body is like growing plants which dry and shrivel because of the sun's heat. So, too, does man's youth and beauty. When old age sinks down on him with ill health, all the beauty of youth passes away and perishes. But Christ's countenance is to be loved above all other things, much more than the youthful state of the body. So keep your minds on this earthly struggle, and obtain for yourselves the kingdom of heaven where is eternal happiness; where the old man does not groan and the child does not cry. There shall be no thirst, nor hunger, nor weeping, nor grinding of teeth: no slaying, nor wickedness. There no one dies,—for no one is born there. There is no hurt, nor sorrow, nor weariness, nor strife of passions. But there is the kingdom of the highest king, and there shall dwell all who have kept God's commandments in eternal joy, and every day they shall see the heavenly king rejoicing, and they with him and with his saints shall live and reign for ever in eternity. Lo! we can by this understand and recognize that the Almighty Lord is unwilling that one should not show some thanks for his benefits. We need not doubt that he will remind us later of the loans of

forlǽt. Æfre swa he us merlucor ȝyfð, swa we him swiðe þonciæn sceolen; 7 swá þrymlicor ár, swa beo þær maræ eadmodnesse. Þam ðe Drihten mycel sylþ, myceles he him eft æt biddæþ; 7 þam þe he her on worlde mucel to forlæteþ, mucel he to þam eft seceð. Æȝh[w]ylc heah ár hér on worlde bið mid frecednesse bewunden; 7 swa þeo ár bið mare, swa beoþ þa frecednesse swiðræn. Be þam we wullæð eow sume bysne sæcgen: þ treow þe weaxeð on þam wude be ár úp ofer alle þa oðre treón, 7 hit þenne feringæ strang wind wiðstont, þenne bið hit swiðor iwæȝed 7 iswenced þene þe oðer wudæ. Eác þa heahȝæ torræs 7 clifæs þe heaȝæ stondæþ ofer alle oþre eorðæ, heo eác þe mare rune nimæð, ȝyf heo feringæ to eorðe fællæþ. Swy[l]ce eác þa heaȝæ muntæs 7 dunæ þa ðe heaȝe stondæþ 7 torriæð ofer alne middæneard; þeahhwæðere heo habbæð wite þæs ealderdomes, þ heo beoð mid heofenlice fure iþréad 7 iþreste, 7 mid liȝe toslaȝene. Swa eac þa heaȝæ mihtæ her on worlde fællæð 7 drosæð 7 to lure wurðæþ. 7 þisre weorlde welæ wurðæþ to sorezæ. Þeah we us scrydæn mid þam rædeste golde 7 mid þam hwiteste seolfre, 7 we mid þam feȝereste ȝymstanes all uten embihangene beon, þeah þe mon sceal éce ende abidæn; 7 þeah þa mihtiȝe men 7 þa ricostæn haten héom ræste wurcéan of marmanstáne 7 of goldfretewum, 7 heom haten mid ȝymmum 7 mid seolfrene [fol. 164 b] ruwum þ bed al wreon, 7 mid þe deorewurðeste godewebbe al úton ymbhón,—þeah cymeð þe bitter deaþ 7 todæleþ all þ. Þenne beoð þa welæn 7 þa glenȝæ aȝotene, 7 þe þrym tobrocen 7 þa ȝymmæs toglidene, 7 þ gold tosceaken, 7 þe lichame todroren 7 to dyste iwordon. For þam nis þissere weorlde wlite noht, ne þisses middaneardes feȝernes, ac he is hwilwendlic, 7 feallendlic, 7 brosnodlic, 7 drosendlic, 7 brocenlic, 7 yfellic, 7 forwordenlic. Swá swá ricu beoð hér on worlde. Hwær beoð þæ rice caseres, 7 þa kyngæs, þe we iu cuþæn? Hwær beoð þa ealdormen þe boden setten? Hwær is domeræ domselt? Hwær beoð heoræ ofermedo, buton mid molde beþeaht,

2 þonciæn] þonciæm MS., with the upper part of the o like a.
5, 6 bewunden] bewundū MS.   6 beoþ] beºþ MS.   11 stondæþ] stondæþ MS.
17 wurðæþ] wurdæþ MS.   18 golde] golde MS., with the erasure of a d after o.
21 haten] hatæn MS.   22 ruwum] rawum MS.
28 7 drosendlic] 77 drosendlic MS.

what he has allowed us in this world. Ever as much as his gifts are the more excellent, so must we thank him the more; and the more glorious the honour, so should there be the greater humility. From him to whom the Lord gives much he asks much again; and from him to whom he allows much in this world, he looks for much in return. Every high dignity in this world is surrounded with danger, and the greater the dignity is, so are the dangers the greater. Concerning this point we shall tell you a parable. When suddenly a strong wind arises against it, the tree which grows in the wood up above all other trees in dignity is accordingly more harassed and more lashed than the other trees. So too lofty towers and cliffs, which stand high above all other regions, have likewise the greater ruin, if they suddenly fall to earth. So also, the high mountains and hills which stand lofty and tower above all the world; they nevertheless pay the penalty of their pre-eminence, because they are struck and damaged by fire from heaven and shattered by its flame. So, too, the high powers in this world fall and perish and come to destruction, and the riches of this world turn to sorrow. Though we clothe ourselves with the reddest gold and with the whitest silver and are outwardly all hung round with the fairest jewels, still man must await the end of all time. And though the mighty and the greatest have couches made for them of marble and of golden ornaments and order their bed to be covered all with silver coverings and to be hung about outside with precious tapestry,—yet bitter death comes and scatters all this. Then are the riches and the ornaments destroyed, and the splendour annihilated and the gems melted and the gold poured away. And the body is crumbled to pieces and turned to dust. Therefore the beauty of this world is nothing, nor is the loveliness of this earth anything, but it is transitory, and perishable, and crumbling, and decaying, and fragile, and mean, and perishing. Even so are the seats of authority in this world. Where are the mighty emperors and the kings whom we knew of old? Where are the magistrates who established the laws? Where is the judge's judgement-seat? Where is their pride, unless covered over with earth and driven into punishment?

7 ón wite wræce[n]? Wá byð weorldscryftum buton heo mid rihte
ræden 7 tǽcæn. Swá bið éac þam læwæde monnum, buton heo
heore scriffte lusten 7 heræn, 7 þa haliʒe lare healden. Hwær com
4 middaneardes ʒestreon? Hwær com weorlde wélen? Hwær com
folce feʒernes? Hwær comen þá men þe ʒeornlucost eahte tyloden,
7 oþrum eft yrfe læfden? Swylc bið þeo oferlufe eórþlice ʒe-
streonæ. Efne heo bið smeke ilic, oððe rænæs scuræs, þonne heo
8 of heofenne swiðost reoseð, 7 raþe eft toglidene wurðæþ; 7 cymð
þenne fæʒer wæder 7 brihte sunnæ. Swá wáce 7 swa tealte beoð
eorðlice dreames, 7 swá wáce beoð eahtæ mid monnum. Swá bið
todæled lichame 7 sawle, þenne heo bið of þam lichame ilǽd; 7
12 bið syððæn ful uncuþ hu þe deme embe þa sawle wule. Ðenne
nis us nan þing bætere ne sælre, buton þ we lufien ure Drihten
mid alle mode, 7 mid alle mæʒne, 7 mid alle inþoncæ. Swá hit bi
þam iwriten is, 'Þe ðe his Drihten lufæð, 7 his bene to him sendeþ,
16 hé iheræð him eafre, 7 his mildse on him sendeþ.' Swá Crist sylf
sæde, 'Þa ðe to me cérræð from heoræ gyltæs, 7 hẹoræ synnæ
andedtæð on mine nome, 7 dædbote doþ mid fæstene 7 mid teare
gúte, 7 mid clæne ʒebedum 7 mid ælmes,—ic ʒeate heom mine milse;
20 7 sylle heom forʒéfenesse, 7 alýfe heom mine rice, 7 to heofene wǽʒ
tæche, þær beoð alle góde, 7 þeo singale blis, 7 þeo mucele mede.
Ic sylle for þisse eorþlice swinke þæ heofenlice réste, 7 for þisse
læne rice, þa heofenlice ʒife; 7 for þissum earme life, þ eadiʒ 7 þ
24 æʒ[e]endlice rice.' Ealæ, iseliʒe beoð þa men þe þ rice lufiæð; 7
unlæde beoð þa ðe him wiðsacæð. Hwæt fremæþ þam men, þeah
he al middæneard on his aʒene æht istreone, ʒif þe deofel nimæþ eft
his sawle? Oððe hwæt, þeah he libbe her on life á þusend wintræ?
28 Al hit bið him unnyt, ʒyf he æfter his deaþe bið into hælle iʒædd,
7 þær on pine wunæð á buton ende. Uton we wenden us nú to
þam beteræ 7 cerræn to ure Drihten, 7 him ʒeorne iheræn, 7 his
bodum healdon. 7 secea we ure chyrceæn mid clænnesse, 7 þær
32 ʒeorne lystæn þare halʒæ lare. 7 þerinnæ nane spece ne spæken,
buton þ we mid stilnesse ure bedu singæn, 7 earniæn us þ úplice
rice. Þær is Kynges þrym isyne, 7 þær is feʒer englæ werod, 7

---

1 weorldscryftum] scẏtum *MS*. 6 eft] ofte *MS*. 18 dædbote] dæðbote *MS*.
19 ʒeate] ʒeafe *MS*. 21 *After* mede *is an erasure*.

Woe to confessors unless they advise and instruct rightly! So also to the lay men unless they hear and obey their confessors and keep the holy precepts. Where have worldly possessions gone? Where have earthly riches gone? Where has the splendour of nations gone? Where have those gone who most zealously strove for possessions and then left an inheritance for others? The immoderate love of earthly possessions is even thus; it is even like smoke or rain-showers when they fall very heavily from heaven and then quickly are dispersed again; and then comes fair weather and the bright sun. Even so feeble and so uncertain are earthly joys, and so mean are possessions among men. Thus the body and soul are divided when this is taken from the body, and then it is very uncertain what the judge intends concerning the soul. Therefore there is nothing better or more profitable for us than that we should love our Lord with all our hearts and with all our strength and with all our mind. Even as it is written about this, 'To him who loves his Lord and makes his petition to him, he always listens, and sends his mercy.' So Christ himself said, 'As for those who turn to me from their sins and confess their guilts in my name and make repentance with fasting and with the shedding of tears and with earnest prayers and with almsgiving,—I shall give them my mercy, and grant them forgiveness and allow them my kingdom and show them the way to heaven, where all good men are, and continuous bliss everlasting and the great reward. I give for this earthly toil the heavenly rest, and instead of this transitory kingdom the heavenly gifts, and instead of this wretched life the happy and the endless kingdom.' Lo, blessed are the men who love that kingdom, and wretched are those who strive against it. What doth it profit a man, though he acquire the whole earth into his own possession, if the devil shall have his soul afterwards? Or what doth it, though he live here in this life for a thousand winters? It is all useless to him, if he after his death is led into hell and there dwells in torments for ever without end. Let us now turn ourselves to the better side and incline to our Lord and earnestly hear him and keep his commands. And let us visit our churches with cleanness and there hear earnestly the holy teaching. And therein let us utter no speech except to recite our prayers quietly and to merit the kingdom on high for ourselves. There is the King's majesty visible

apostola song, 7 Godes lof, 7 þæs heahsten kynges herung. Þer þa soðfeste men scinæð swá sunne, 7 men rixiæð swa englæs on heofene rice. We beoð ihatene 7 ilaðode to þam haliȝe hame 7 to
4 þam kynelice friðstole, þær ðe Almihtiȝ Drihten leofæð aut rixæð mid alle his halȝæn á abuten ende. Amen.

[XIII]

[Fol. 166 b, col. a, l. 25.]

*A*uarus, þ is, ȝytsere on englisc. Auaricia is ȝytsunȝe: sume men
8 hit hatæð grædiȝness þissere worlde, þ is, þ ðe mon beo grediȝ goldes 7 seolures 7 worldlicræ istreonæ. Ðeo grædiȝnesse is, swa swa þe apostolus Paulus sæde, rotæ of ylc ufel; 7 þeo soðæ lufe is rotæ ylces godes. Ðú mon wylt habbæn gód! Þu wult habben
12 hæle þines lichames, ac swa ðeah ne telæ þu þ to mycele góde, þ ðe hæfð eác þe yfelæ. Þu wylt habben gold 7 seoluer; efne þæs ðing beoð góde, ȝif þu heom wél notest. Gif þet þu ufel bist, ne miht þu heom wel notiȝen. Beoð forþi gold 7 seoluer yfele yfelum,
16 7 gode godum. Hwæt fræmeð þe þ þin cyst stonde ful of gode, 7 þin inȝehúd stonde æmtiȝ ælces godes? Ðu wylt habben gód, 7 nelt þe sylf beon gód. Sceamien þe mæȝ þ ðin hus habbe ylces godes, 7 þe áne yfel. Soðlice nylt þu nan þing yfeles habben [fol. 166 b, col. b]
20 on þin æhte; þu nelt habben yfel wif, ne yfel child, ne yfele þeowmen, ne yfele scrud, ne forþan yfele sceos; 7 wult swa ðeah habben yfel lyf! Ic bidde þe þ ðu hure læte þe ði lif deorre þenne þine sceos. Þu wyllt habben alle fæȝere þing 7 icorene, 7 wult beon waclic þe
24 seolf 7 unwurð. Ðine æhtæ mid stille stæfne wullæð þe wræȝen þus to ðine Drihtne, ' Efne þu ȝyfæ þissum men þus fælæ æhtæ 7 godæ, 7 he sylf is yfel. Hwæt fræmeð him þ ðe he hæfð, þenne he ðone nauep þe him þa gódæ ȝeaf þe he hæfð? Gif nu eower sum,
28 onbryrd þurh þas word, smeað hwǽt gód beo, þenne secge we þ þ is gód þe þurh nan unlimpe ne mæȝ beon forloren. Þu miht forleosan unþances þa ðing þe áteoriȝæn maȝen; ac ȝif þu þe sylf for Gode gód bist, þet ne forleost þu næfre unþances.

1 þer] þeʳ MS.   10 Before apostolus an s has been erased.
15 Before Beoð is an erasure upon which is written Non in another hand.
27 naucþ] nauef MS.   28 hwǽt] hwǽ MS.

and there is the beauteous troop of the angels and the song of the apostles and the praise of God and the glorifying of the highest King. There the righteous shine like the sun and men rule as angels in the kingdom of heaven. We are summoned and invited to the holy dwelling-place and to the royal throne of peace, where the Almighty Lord liveth and reigneth with all his saints for ever without end. Amen.

XIII

Avarus, that is miser in English: *avaritia*, that is covetousness. Some people call it the greediness of this world, that is, when a man is greedy after gold and silver and worldly possessions. This greediness is, as the Apostle Paul said, a root of every evil; and the true love is the true root of every good. Thou man! thou desirest to have good; thou wilt have the health of thy body, but nevertheless do not account as a great good that which the bad man has also. Thou wilt have gold and silver. Truly these things are good if thou dost make good use of them; if thou art evil, thou canst not make good use of them. Therefore gold and silver are evil for evil men, and good for good men. What advantage is it for thee if thy chest stand full of good, and thy inner thought remains destitute of every good? Thou wilt have good, and wilt not be good thyself. Well mayest thou be ashamed that thy house should have every kind of good and only thyself evil. Truly thou wilt not have anything bad in thy possession. Thou wilt not have a bad wife or a bad child or bad servants or bad clothing or even bad shoes; and yet thou art willing to have a bad life. I pray thee at all events to consider thy life more precious than thy shoes. Thou wilt have all things beautiful and choice, and thyself wilt be paltry and unworthy. Thy possessions with silent voice will accuse thee thus before thy Lord, 'Indeed thou givest to this man these many possessions and good things and yet he himself is evil. What avails him that which he has, when he has not him who gave him the good things that he has.' If now one of you, roused by these words, wonders what is good, then we say that is good which can never by any mischances be lost. Thou mayest be compelled to lose things which are liable to decay; but, if thou thyself art good before God, thou shalt never lose this against thy will.

XIV

[Fol. 166 b, col. b, l. 20.]

Us sæȝð þeo haliȝe Cristes boc, ꝥ ure Hælend Crist arerde þreo men of deaþe to life, 7 þa þreo tacnoden þene ðreofcalde deaþ þare sunfule sawle. Ure Drihten arerde anes ealdormonnes dohtor þeo þe læȝ dead dihlice on hire huse; hé arerde æft ænne cniht, þa þa he com to ane burh, Naim ihaten, on þæs folces isihðe; þe ðridde deade wés þe ure Drihten arerde Lazarus ðe Iudeisce, þe læȝ stincende fule on buriȝenum, feower niht iburiȝed. Ða ðreo deade men þe ure Drihten arerde betacnæð þare sawle deaþ, þe on þry wisen syngæþ on hyre life; ꝥ is, on yfele wilnunge, 7 on yfele fremminge, 7 on ufele wune. Unforwondodlic ða ufelæ sunæn beoð þare sawle deaþ; 7 þæs ealdormonnes dohter þe læȝ inne forðfaren bitacnoð þare sawle deaþ, þe on diȝlum sunneþohte þencæð to synȝienne 7 hæfð þenne deaþ behud on hire heortæn on yfele þauunge ꝥ yfel to donne. Þe déade þe wæs ifered on þæs folces sihðe bitacnæð þa sawle þe openlice syngæð 7 mid yfelæ dedæ hire deað swutelæð. Lazarus þe Iudeisce, þe læȝ stincende on buriȝenne, be—[fol. 167] tacnað þa sawle þe syngæþ iwunelice, 7 þurh únlisan atelice stincæð. Ac ure Hælend mæȝ, swa swa Almihtiȝ God, þa sawlæ áræren swa he þas þry deaden dyde þurh his drihtenlice mihte him sylfe to lofe. Nis swa ðeah nan synne swa swiðe mycel ꝥ mon ne mæȝ betan, ȝyf he þa bote deþ bi þes gyltes mæðe 7 on Gode trywiȝe. Ure Hælend sæde swá ðæh on his godspelle, 'Þe ðe tállice word sæð onȝean ðone Haliȝ Gast 7 hine hæfð to hospe, næf[ð] he næfre þærof forȝyfenesse, ne on þisse weorlde, ne on þa towearden'. Ofte dwolmen specon dusilice bi Criste, ac heo hit eft betton 7 buȝon to him mid soðe bileafæ; 7 he heom sealde forȝifenesse, swá swá he sæde him sylf, 'Ðeah ðe hwá sæcge bi me tal oðer hosp, hit him bið forȝyfen, ȝyf he hit bireowsæþ; ac þe be þam Halȝa Gaste hosp cwæð oððe tal, his synne bið soðlice endeleas.' Þe Almihtiȝ Fæder, þe alle þing iscóp, hæfð enne Sune, of him áne acenned unasecgendlice, þene soðfestæ Hælend; ac þe Haliȝe Gast nis ná ihaten Sune,

---

5 dead] *the second* d *altered from* ð. 19 mæȝ] *the* æ *altered from* a.
29 bireowsæþ] *the* s *altered from* f. 29 þe be] þe þe MS.
31 unasecgendlice] *the first* n *altered from another letter.*

XIV

CHRIST's holy book tells us that our Saviour Christ raised three people from death to life, and these three signified the threefold death of the sinful soul. Our Lord raised the ruler's daughter who lay dead in the privacy of her home. He next raised a youth when he came to a town called Nain in the sight of the people. The third dead one whom Our Lord raised was Lazarus the Jew, who lay stinking foully in the tomb, having been four nights buried. These three dead people whom Our Lord raised signify the death of the soul which sins in three ways in its way of life ; that is, in evil thought and in evil deed and in evil habits. These evil sins are undoubtedly the death of the soul, and the ruler's daughter who lay lifeless within betokens the death of the soul that thinks to sin in secret sinful thoughts, and has therefore death hidden in its heart in its evil consenting to do wrong. The dead man who was carried in the sight of the people signifies the soul that sins openly, and by evil deeds makes her death evident. Lazarus the Jew, who lay stinking in the tomb, signifies the soul that sins habitually, and through ill repute stinks terribly. But our Saviour, even as Almighty God, can raise souls just as he did these three dead ones by his power as Lord for his own glory. However, there is no sin so exceeding great, that a man cannot atone for it if he make repentance according to the degree of the sin, and trust in God. Yet our Saviour said in his gospel, 'He who saith a word in blasphemy against the Holy Ghost and taketh him in mockery, shall never have forgiveness for it, either in this world or in the future one.' Heretics have often spoken foolishly about Christ, but they have afterwards made amends for it and inclined to him with true faith ; and he has granted them forgiveness, even as he himself said, 'Though any one speak blasphemy or profanity about me, it shall be forgiven him if he repent it ; but he who speaketh blasphemy or profanity about the Holy Ghost, his sins shall indeed be without end.' The Almighty Father, who created all things, has a Son, ineffably begotten of him alone, the righteous Saviour; but the Holy Ghost is not called Son, because the one

for þam þe ðe an Fæder is æfre unbigunnon, 7 his ancennedæ Sunæ of him sylfe eafre, 7 þe Haliȝ Gast is heoræ begræ lufæ æfer bitweonæn heom of ham bam ilice. Nú nis na þe Fæder heoræ
4 beȝræ Fæder; for þam þe ðe oðer is Sunu, 7 þe oðer ni[s] ná Sunue. Eft þe ylcæ Sunæ nis ná heoræ beȝræ sunæ, þæs Fæder 7 þæs Haliȝ Gastes, on ðere godcundnesse, ac ðe Haliȝe Gast is ane heom bam imænelic, þam Almihtiȝ Fæder 7 his ancennede Sunæ; 7 þurh Halȝæ
8 Gast beoð alle synne forȝyfene. Þe wise Fæder witerlice iscóp 7 wrohte þurh his halȝæ wisdom, ꝥ is his Sune, alle ȝesceftæ; 7 heom soðlice life bifeste þurh þene Halȝæ Gast, þe is heoræ beȝræ lufe 7 willæ. Heoræ weorc bið æfre untodæledlic, 7 heo alle habbæð áne
12 godcundnesse; alle an gecund, 7 áne mæȝ[e]nþrymme. Ac þare synne forȝyfenesse stont on þam Haliȝe Gaste, 7 he deþ forȝyfenesse dædbetendum monnum 7 heore mód onliht mid his liðe forȝyfenesse, 7 heom syððan frefræð, for þam þe he is Froforgast. Swá swá
16 ðeo acennednesse bilimpæþ to Criste áne, swa belimpð þeo forȝyfenesse to þam lifiȝendæ Gaste, þe þe is Almihtiȝ God, æfre unbegunnon of þam Fæder, 7 of þam Sunæ, heoræ beȝræ lufæ. Be þan we maȝen witen ꝥ he is alwealdend Gód, þenne he swa mihtiȝ
20 is ꝥ he mæȝ forȝyfen alre monne synne, þe heom soðlice bireowsiæð, 7 heoræ misdedæ her on weorldæ. Đe Hælend áne, þe is ihaten Crist, underfeng þa menniscnesse, 7 for us monnum þrowode. Nu habbe wé þa alyseddnesse þurh ðone leofæ Drihten, 7 ure syne
24 forȝyfenesse þurh ðone Haliȝe Gast, 7 þeah al þeo þrymme is on soðre annesse. 7 heo us þæs dæda doþ untweolice, forþam þe heo alle wurcð án weorc. Þe mon sæð hosp 7 tál toȝean þone Haliȝe Gast, þe þe næfre ne swicæð synne to wurcean, 7 on heom wunæð
28 oð his lifes ende, 7 forsihð þa forȝyfenesse þæs sopfesten Gastes, 7 binimæð him selfum swá þone lyflice wæȝ buton mildsunge þæs mihtiȝe Gastes mid his heardheortnesse his hetele modes. Đe Halȝæ Gast mildsæð bereowsiende monnum; ac heom ne mildsæþ he

6 Gastes] gastest *MS*.   8 þe] þe ðe *MS*.
14 dædbetendum] dæþbetendum *MS*.
15 frefræð] freᵒfræð *MS*, *the o much fainter*.
27 wunæð] wunæd *MS*.   30 hetele] *erasure over* t.
31 ac] c *altered from another letter*.

Father is ever without beginning, and his only-begotten Son is ever from him himself, and the Holy Ghost is the Love of them both, even between them, from them both alike. Now the Father is not the Father of them both; because the one is a Son and the other is not a Son. Again, the same Son is not the son of them both—of the Father and of the Holy Ghost—in the Godhead, but the Holy Ghost is alone common to them both— to the Almighty Father and to his only-begotten Son; and all sins shall be forgiven through the Holy Ghost. The wise Father did create and fashion by his holy wisdom, that is his Son, all creation; and he afterwards verily established life in them through the Holy Ghost, who is the love and will of them both. Their work is always indivisible, and they all have one Godhead, all one nature and one Majesty; but the forgiveness of sins rests on the Holy Ghost, and he grants forgiveness to men who repent their deeds and enlightens their hearts with his gentle forgiveness and comforts them afterwards, because he is the Spirit of comfort. Even as incarnation belongs to Christ alone, so does forgiveness belong to the Living Spirit, who is Almighty God ever without beginning, from the Father and from the Son, the love of them both. Hence we can understand that he is All-powerful God, since he is so mighty that he can forgive the sins of all men who truly repent, and their misdeeds in this world. The Saviour alone, who is called Christ, received human nature and suffered for us men. Now we have redemption through the dear Lord and forgiveness of our sins through the Holy Ghost, and yet all the power is in the true Unity. And they do these things for us undoubtedly, because they all work one work. He speaks blasphemy and profanity against the Holy Ghost, who never ceases to perform sins, and continues in them until his life's end, and neglects the forgiveness of the righteous Spirit; and thus he deprives himself of the way of life not having the mercy of the mighty Spirit through the hardheartedness of his adverse mind. The Holy Ghost has mercy on him who repents, but he has never mercy on them who despise his

næfre þe his ȝyfe forseoð. Nu sceole we biddan mid ibeȝede mode þene Almihtiȝ God, þe us þurh his wisdóm iscóp 7 us alysde þurh þene ylcæ Sunæ, þ he ure synnen all adiglæde þurh þene Halȝe Gast, 7 us healde wið deofel, þ we to him gán þe us ær wrohte. Be þreom deadæ we rædæþ þe ure Drihten arerde ; ac his wundræ næron iwritene alle, ac þa áne mon wrat ðe mihton nihtsumien monnum to hǽle, 7 to heoræ ileafæ, 7 þa ðe hæfdon heahlic tacnunge þá wæren iopenode þurh þone Hælend. [fol. 167 b.] His apostoli 7 heoræ æfterȝengæn aɩ ærden monie men of deaþe, ac þe ylcæ Drihten dude þ ðurh heom, swa swá he dyde ær þurh him sylfum on his andweardnesse.

2 alysde] aly*de *MS*.   3 adiglæde] *see note*.   9 æfterȝengæn] *see note*.

grace. Now must we pray with humbled minds that Almighty God, who created us by his wisdom and redeemed us through his same Son, that he will blot out all our sins through the Holy Ghost, and protect us against the devil, that we may go to him who created us before. We read of three dead whom our Lord raised, but his miracles were not all recorded, but only those were recorded which might be sufficient for salvation of men, and for their faith, and those which had sublime meanings that were explained by the Saviour. His apostles and their successors raised many men from death, but this same Lord did it through them even as he had done it before by being present himself.

The manufacturer's authorised representative in the EU for product safety is Oxford University Press España S.A. of El Parque Empresarial San Fernando de Henares, Avenida de Castilla, 2 - 28830 Madrid (www.oup.es/en or product.safety@oup.com). OUP España S.A. also acts as importer into Spain of products made by the manufacturer.
Printed and bound by CPI Group (UK) Ltd, Croydon, CR0 4YY

20/03/2026

02075339-0010